本書の特長と使い方

本書は、これから入試対策をはじめようと考えている皆さんが、基礎《きそ》を「短い時間で、手軽に復習できる」ようにつくられた問題集です。主要５教科の内容を１冊にコンパクトにまと[illegible]もサクッと復習できます。本書を十二分に活用して、しっかりと基礎知識を[illegible]

各単元の問題

テストや入試によく出る基本問題を出題しています。１ページ 10 分を目標に取り組んでください。

記述

記述式の問題にマークをつけています。

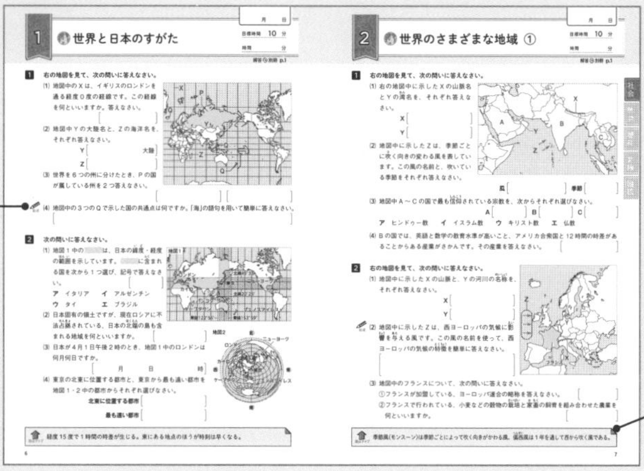

得点アップ

問題を解くためのヒントや重要事項《じこう》を示しています。

最重要ポイント

各教科のはじめに、テストや入試で問われる中学１・２年の最重要ポイントを簡潔《かんけつ》にまとめています。

中学１・２年の総復習テスト

公立高校入試で実際に出題された問題を中心にまとめたテストです。

下線がある赤字のところは消えるフィルターを使って、答えられるかどうかチェックしましょう。

関連する問題がのっているページを示しています。

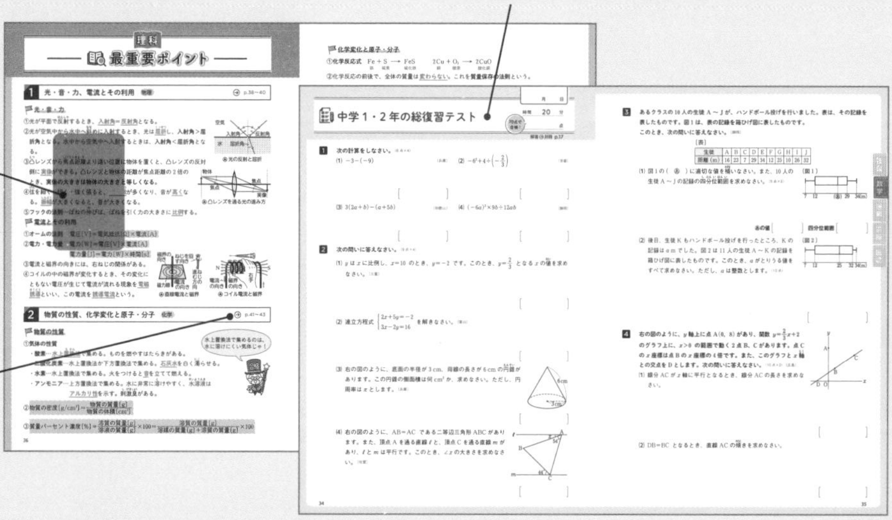

高校入試に向けて

最後のページ(p.80)では高校入試に向けて準備しておくことをマンガで紹介《しょうかい》しています。

解答・解説

別冊の解答・解説では、解答とくわしく丁寧《ていねい》な解説をのせています。また、問題を解くにあたって注意すべき点や覚えておきたい点などを POINT として入れています。

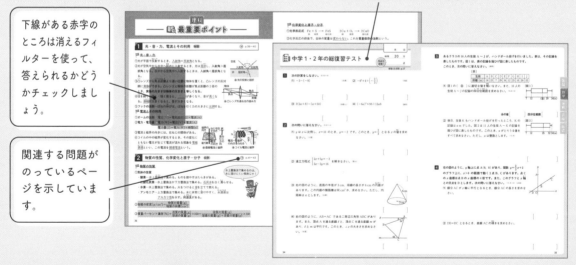

もくじ

社会

数学

理科

英語

国語

※国語はp.**79**から始まります

本書に関する最新情報は、小社ホームページにある**本書の「サポート情報」**をご覧ください。（開設していない場合もございます。）
なお、この本の内容についての責任は小社にあり、内容に関するご質問は直接小社におよせください。

合格マイスターとの出会い

社会

最重要ポイント

1 世界と日本のすがた 地理

→ p.6

世界のすがた

①**地形**…陸地：海洋＝約 3：7、**六大陸**と三大洋。

②**国境《こっきょう》**…山・川・海（自然的**国境**）と緯線《いせん》・経線《けいせん》（人為《じんい》的**国境**）。国境が陸地にしかない内陸国。

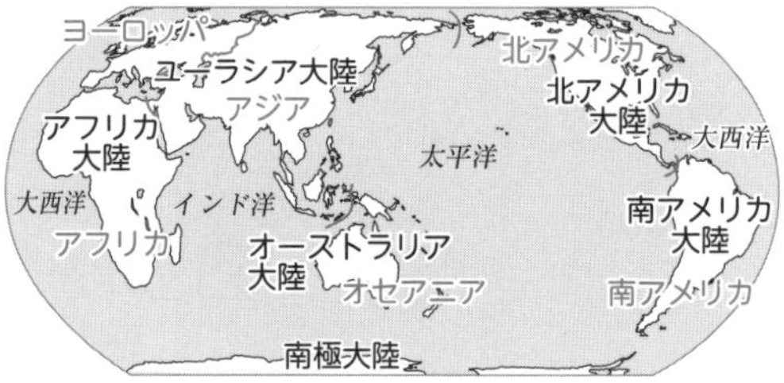

▲ 世界の大陸と州区分

世界地図

①正距方位《せいきょほうい》**図法**…地図の中心からの、**距離《きょり》**と**方位**が正しい地図。おもに**航空図**に利用。

日本のすがた

①**時差**…日本の**標準時子午線**は東経 135 度（兵庫県明石《あかし》市）。経度 15 度で 1 時間の時差。

②**領域**…**領土**、**領空**、**領海**からなる。海岸線から 200 海里の排他《はいた》的経済水域。

2 世界と日本のさまざまな地域 地理

→ p.7～11

世界のさまざまな地域

①**アジア州**…人口の多いインド・中国。原油の産出が多い西アジア。

②**ヨーロッパ州**…地域統合である EU（ヨーロッパ連合）を結成。共通通貨は**ユーロ**。

③**アフリカ州**…経済を 1 つの農作物や鉱産物にたよるモノカルチャー**経済**。

④**北アメリカ州**…多くの**多国籍企業《たこくせききぎょう》**のあるアメリカ合衆国。スペイン系ヒスパニックの増加。適地適作**農業**。

⑤**南アメリカ州**…ブラジルでコーヒー豆の生産とさとうきびなどからつくるバイオエタノールの生産。

⑥**オセアニア州**…オーストラリアの先住民族アボリジニ。

▲ アメリカ合衆国の農業

日本のさまざまな地域

①**地形図の見方**…**方位**は、地図の上が北（原則）。**縮尺**は、実際の距離＝地形図上の長さ×縮尺の分母。**等高線**は、間隔《かんかく》が狭《せま》い部分が傾斜《けいしゃ》が急で、広い部分はゆるやか。

②**九州地方**…**シラス台地**で畜産《ちくさん》、宮崎平野で促成栽培《そくせいさいばい》がさかん。北九州工業地域。

③**中部地方**…日本最大の中京工業地帯がある。北陸は、**伝統産業**が発達。

④**関東地方**…首都東京がある。東京都は出版業・印刷業が発達。千葉県では近郊《きんこう》**農業**がさかん。

⑤**東北地方**…日本の**穀倉地帯**。太平洋側では、北東風のやませによる冷害。

⑥**北海道地方**…日本の食料庫。石狩《いしかり》平野で米、**十勝《とかち》平野**で畑作、**根釧《こんせん》台地**で**酪農《らくのう》**。

3 古代～近世の日本 歴史

p.12～14

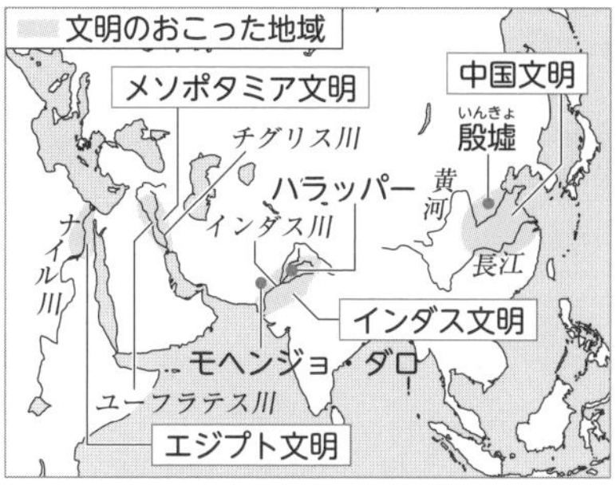

▲ 古代文明の発生地

①**人類の出現**…猿人《えんじん》(約 700 万年前)→原人《げんじん》(約 200 万年前)→**新人《しんじん》**(約 20 万年前)。

②**文明のおこり**…**旧石器時代《きゅうせっきじだい》**(狩《か》り・採集)→**新石器時代《しんせっきじだい》**(農耕・牧畜《ぼくちく》)→金属器(青銅器から鉄器へ)。

③**古代国家の成立**…縄文《じょうもん》・弥生《やよい》時代→小国の分立→大和《やまと》王権が力をもつ(古墳《こふん》文化、大陸文化の伝来)→**聖徳太子《しょうとくたいし》**(厩戸皇子《うまやどのおうじ》)の政治(飛鳥《あすか》文化)→**中大兄皇子《なかのおおえのおうじ》・中臣鎌足《なかとみのかまたり》**らによる大化《たいか》の改新《かいしん》(645)→律令《りつりょう》政治→奈良《なら》時代(天平《てんぴょう》文化、聖武《しょうむ》**天皇**の大仏造営)→平安《へいあん》時代(国風《こくふう》**文化**、かな**文字**による『**源氏物語《げんじものがたり》**』『枕草子《まくらのそうし》』)。

④**武士のおこりと鎌倉《かまくら》幕府**…**白河《しらかわ》天皇**の院政(1086)→武士の台頭→**平 清盛《たいらのきよもり》**の政治→源平の争乱→守護《しゅご》・地頭《じとう》の設置(1185)→源 頼朝《みなもとのよりとも》が征夷大将軍《せいいたいしょうぐん》に(1192)→**後鳥羽《ごとば》上皇**による承久《じょうきゅう》の乱(1221)→元の 2 度にわたる襲来《しゅうらい》(元寇《げんこう》)。

⑤**室町《むろまち》幕府の成立**…鎌倉幕府滅亡《めつぼう》→後醍醐《ごだいご》天皇による建武《けんむ》の新政《しんせい》→**足利尊氏《あしかがたかうじ》**が征夷大将軍に。

⑥**戦国《せんごく》時代**…応仁《おうにん》の乱(1467)によって下剋上《げこくじょう》**の風潮**が広まり、**戦国時代**になる。

⑦**安土《あづち》・桃山《ももやま》時代**…織田信長《おだのぶなが》が商工業発展政策で楽市楽座《らくいちらくざ》。豊臣秀吉《とよとみひでよし》の**太閤《たいこう》検地**と**刀狩《かたながり》**で兵農分離《ぶんり》。

⑧**江戸《えど》時代**…幕藩《ばくはん》体制の確立。鎖国《さこく》体制の完成。江戸の三大改革(**享保《きょうほう》の改革**、**寛政《かんせい》の改革**、**天保《てんぽう》の改革**)。

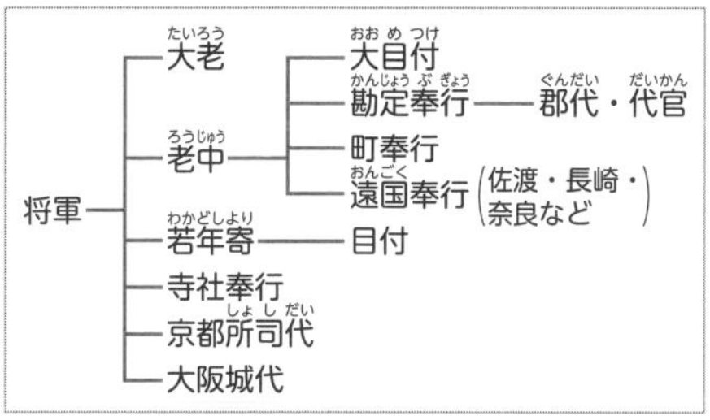

▲ 江戸幕府のしくみ

4 近代～現代 歴史

p.15～17

①**明治維新《いしん》**…倒幕《とうばく》運動の開始→薩長《さっちょう》同盟(1866)→大政奉還《ほうかん》→戊辰《ぼしん》戦争→五箇《か》条の御誓文《ごせいもん》(新しい政治方針)→明治の三大改革(地租《ちそ》改正、徴兵《ちょうへい》令、学制)。生活が洋風化する文明開化《ぶんめいかいか》。

②**自由民権運動**…板垣退助《いたがきたいすけ》らによる民撰議院設立建白書《みんせんぎいんせつりつけんぱくしょ》の提出(1874)→国会開設の勅諭《ちょくゆ》(1881)→大日本帝国《だいにっぽんていこく》憲法制定(1889)→第 1 回帝国議会(1890)。

③**条約改正**…岩倉《いわくら》使節団の派遣《はけん》→**鹿鳴館《ろくめいかん》**時代(井上馨《いのうえかおる》)→**陸奥宗光《むつむねみつ》**(領事裁判権《りょうじさいばんけん》の撤廃《てっぱい》)→**小村寿太《こむらじゅた》郎《ろう》**(関税自主権《かんぜいじしゅけん》の完全回復)。

④**帝国主義**…朝鮮《ちょうせん》への進出→甲午《こうご》農民戦争→日清《にっしん》**戦争**(1894)・下関条約→**三国干渉《かんしょう》**(遼東《りょうとう》《リアオトン》半島の返還《へんかん》要求)→ロシアの南下→日露《にちろ》**戦争**(1904)→第一次世界大戦(1914)の勃発《ぼっぱつ》、日本も参戦。

日露戦争の講和条約はアメリカの仲介《ちゅうかい》によってなされたポーツマス条約だよ。

⑤**第二次世界大戦**…**世界恐慌《きょうこう》**(1929)からファシズムの台頭(ドイツ・イタリア)→満州事変《まんしゅうじへん》→国際連盟脱退《だったい》(1933)→**日中戦争**→太平洋戦争→ポツダム**宣言受諾《じゅだく》**→ GHQ 統治。

⑥**占領下《せんりょうか》の日本**…GHQ による財閥《ざいばつ》解体などの民主化。サンフランシスコ平和条約に調印し、日本は独立回復。**日ソ共同宣言**(1956)後に国際連合への加盟で国際社会に復帰。

1 世界と日本のすがた

月　　日

目標時間 10 分

時間　　分

解答→別冊 p.1

1 **右の地図を見て、次の問いに答えなさい。**

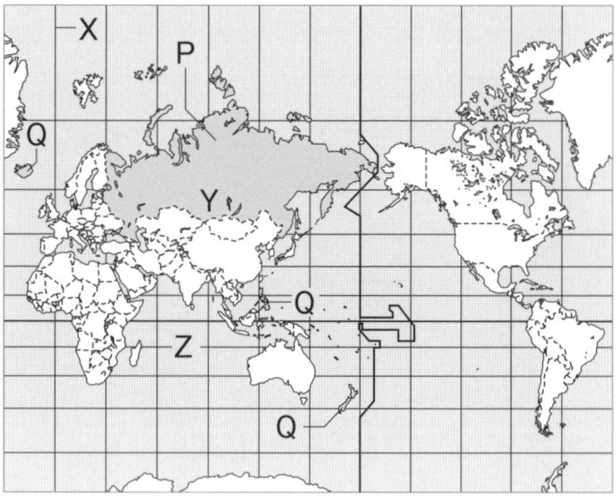

(1) 地図中のXは、イギリスのロンドンを通る経度0度の経線です。この経線を何といいますか。答えなさい。

［　　　　　］

(2) 地図中Yの大陸名と、Zの海洋名を、それぞれ答えなさい。

Y［　　　　　大陸］

Z［　　　　　］

(3) 世界を6つの州に分けたとき、Pの国が属している州を2つ答えなさい。

［　　　　　］［　　　　　］

記述 (4) 地図中の3つのQで示した国の共通点は何ですか。「海」の語句を用いて簡単に答えなさい。

［　　　　　］

2 **次の問いに答えなさい。**

(1) 地図1中の　　　は、日本の緯度《いど》・経度の範囲《はんい》を示しています。　　　に含《ふく》まれる国を次から1つ選び、記号で答えなさい。　［　　］

ア イタリア　**イ** アルゼンチン

ウ タイ　**エ** ブラジル

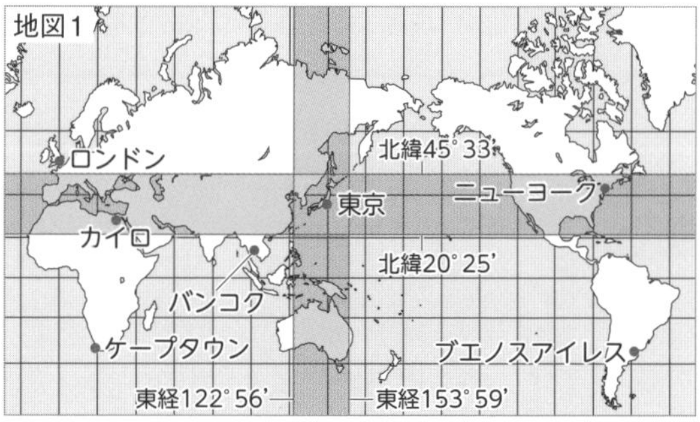

(2) 日本固有の領土ですが、現在ロシアに不法占拠《せんきょ》されている、日本の北端《ほくたん》の島も含まれる地域を何といいますか。　［　　　　］

(3) 日本が4月1日午後2時のとき、地図1中のロンドンは何月何日ですか。

［　　　月　　　日　　　時］

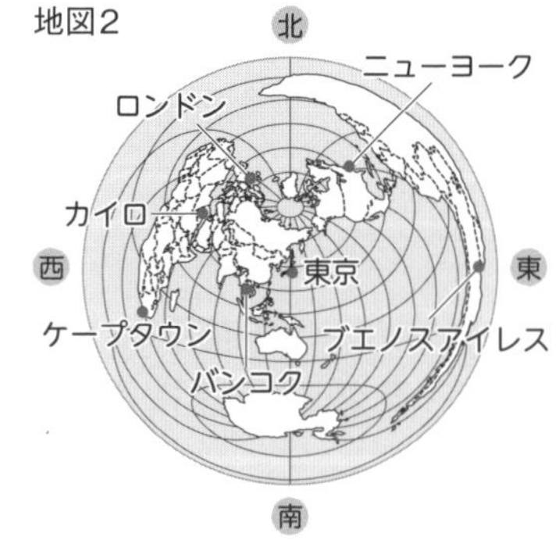

(4) 東京の北東に位置する都市と、東京から最も遠い都市を地図1・2中の都市からそれぞれ選びなさい。

北東に位置する都市［　　　　　］

最も遠い都市［　　　　　］

得点アップ　経度15度で1時間の時差が生じる。東にある地点のほうが時刻は早くなる。

2 世界のさまざまな地域 ①

解答→別冊 p.1

1 右の地図を見て、次の問いに答えなさい。

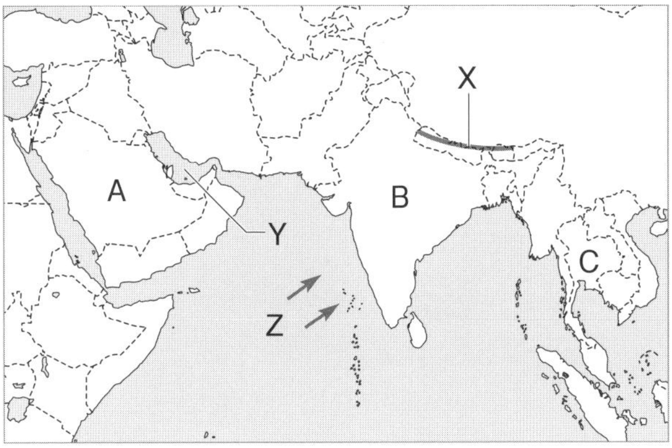

(1) 右の地図中に示したXの山脈名とYの湾《わん》名を、それぞれ答えなさい。

X［　　　　］
Y［　　　　］

(2) 地図中に示したZは、季節ごとに吹《ふ》く向きの変わる風を表しています。この風の名前と、吹いている季節をそれぞれ答えなさい。

風［　　　　］　季節［　　　　］

(3) 地図中A～Cの国で最も信仰《しんこう》されている宗教を、次からそれぞれ選びなさい。

A［　　］　B［　　］　C［　　］

ア　ヒンドゥー教　**イ**　イスラム教　**ウ**　キリスト教　**エ**　仏教

(4) Bの国では、英語と数学の教育水準が高いこと、アメリカ合衆国と12時間の時差があることからある産業がさかんです。その産業を答えなさい。［　　　　］

2 右の地図を見て、次の問いに答えなさい。

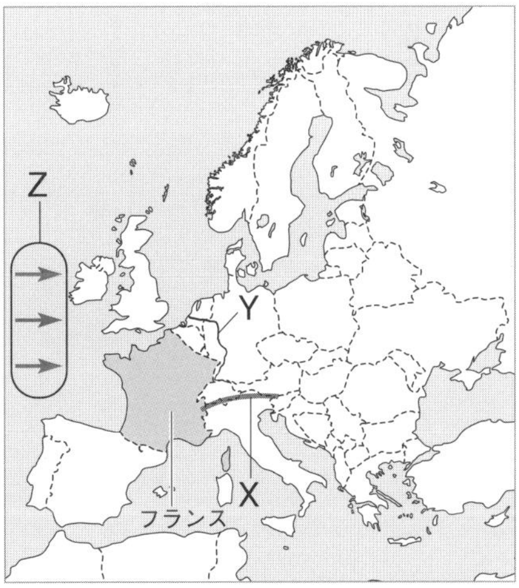

(1) 地図中に示したXの山脈と、Yの河川の名称《めいしょう》を、それぞれ答えなさい。

X［　　　　］
Y［　　　　］

記述

(2) 地図中に示したZは、西ヨーロッパの気候に影《えい》響《きょう》を与《あた》える風です。この風の名前を使って、西ヨーロッパの気候の特徴《とくちょう》を簡単に答えなさい。

［　　　　　　　　］

(3) 地図中のフランスについて、次の問いに答えなさい。

①フランスが加盟している、ヨーロッパ連合の略称を答えなさい。［　　　　］

②フランスで行われている、小麦などの穀物の栽培《さいばい》と家畜《かちく》の飼育を組み合わせた農業を何といいますか。［　　　　］

得点アップ　季節風(モンスーン)は季節ごとによって吹く向きがかわる風、偏西《へんせい》風は1年を通して西から吹く風である。

月　日

3 世界のさまざまな地域 ②

目標時間 10 分

時間　分

解答→別冊 p.2

1 **右の地図を見て、次の問いに答えなさい。**

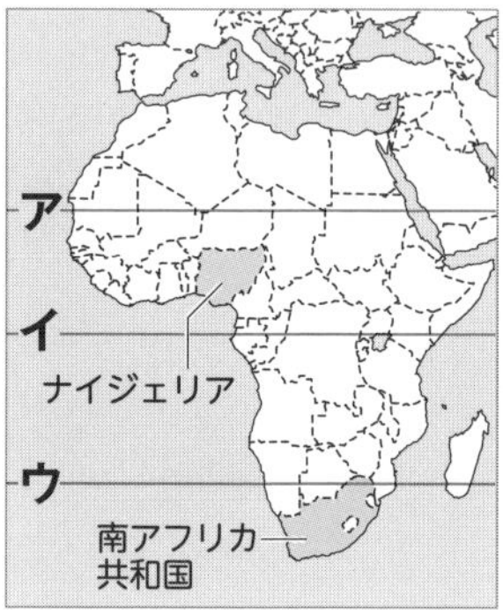

(1) 地図中に示した**ア**～**ウ**の緯線《いせん》から赤道を１つ選び、記号で答えなさい。 [　　]

(2) 地図中のナイジェリアで産出の多い鉱産資源を、次から１つ選びなさい。 [　　]

ア 原油　**イ** 石炭

ウ 鉄鉱石　**エ** 天然ガス

(3) 地図中の南アフリカ共和国で産出する、クロムなど産出量が少なく、近年のICT産業に欠かせない希少金属のことを、カタカナで何といいますか。 [　　]

2 **右の地図を見て、次の問いに答えなさい。**

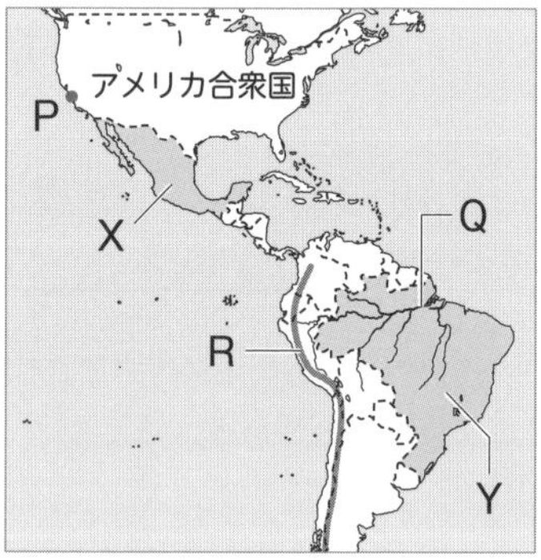

(1) 地図中のPは、サンフランシスコ郊外《こうがい》の先端《せんたん》技術産業がさかんな地域です。この地域を何といいますか。 [　　]

(2) アメリカ合衆国で増えている、Xの国などからの移民を何といいますか。 [　　]

記述 (3) アメリカ合衆国で行われている「適地適作」とはどのような農業か、簡単に答えなさい。

[　　]

(4) 地図中のQの河川名と、Rの山脈名を、それぞれ答えなさい。

Q[　　] R[　　]

(5) 地図中Yの国でつくられている、世界第１位(2021年)の農産物を、次から２つ選びなさい。 [　　][　　]

ア コーヒー豆　**イ** カカオ豆

ウ 茶　**エ** さとうきび

3 **オセアニア州について、次の問いに答えなさい。**

(1) オーストラリアの先住民を何といいますか。 [　　]

(2) オーストラリアやニュージーランドの国旗に含《ふく》まれている、かつてこの２国を植民地支配していた国はどこか、答えなさい。 [　　]

得点アップ　ブラジルでつくられているさとうきびは、バイオエタノールの原料となっている。

4 地域調査と日本の地域的特色

解答→別冊 p.2

1 **右の地図を見て、次の問いに答えなさい。**

(1) 右の地図は、地形図の決まりにしたがっています。この地図の縮尺を答えなさい。
［　　　　　］

(2) (1)の縮尺の地形図上での 8 cm は、実際には何 km ですか。［　　　　km］

(3) 右の地図にある地図記号を、次から 1 つ選びなさい。［　　　］

ア　図書館　　**イ**　神社
ウ　郵便局　　**エ**　病院

(4) 地図中の **X**・**Y** のうち、傾斜《けいしゃ》が急なのはどちらですか。［　　　］

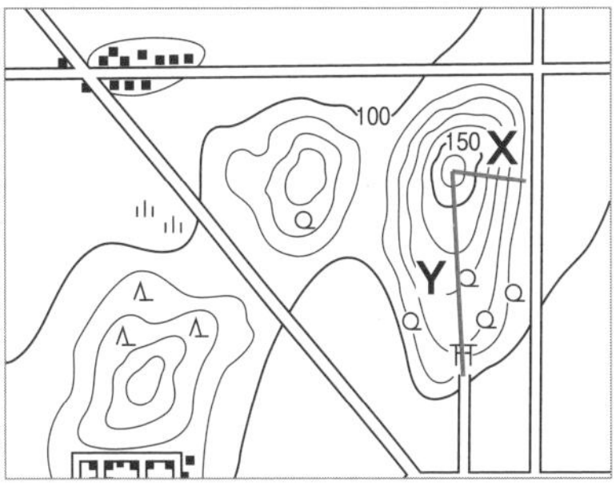

2 **次の問いに答えなさい。**

(1) 右の雨温図にあてはまる都市を、地図中の **a** ～ **d** から 1 つ選びなさい。［　　　］

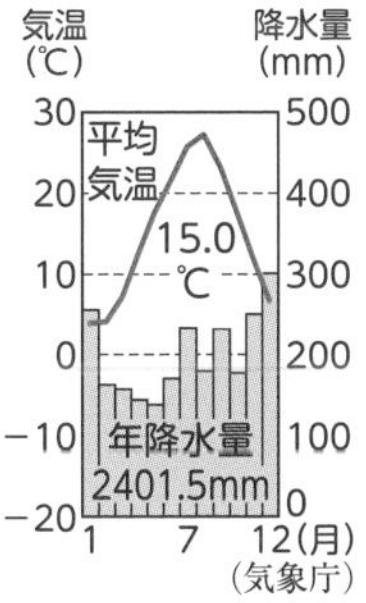

(2) 日本で急激に進んでいる、人口における子どもの数が減少し、高齢《こうれい》者の割合が増加する現象を何といいますか。
［　　　　　］

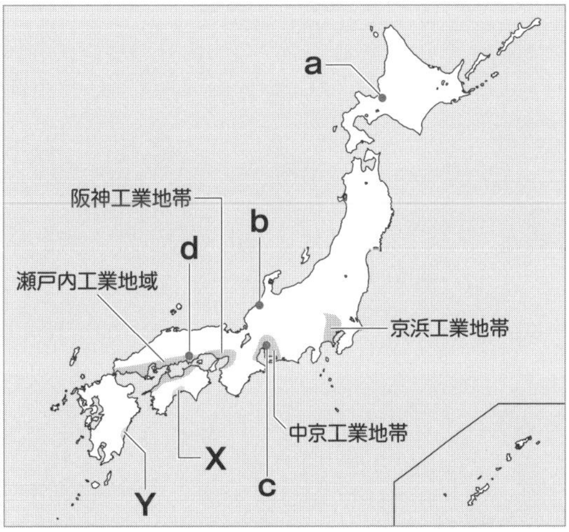

(3) 右のグラフの**ア**～**エ**は、地図中に示した工業地帯（地域）のいずれかの製造品出荷額割合を示したものです。①京浜《けいひん》工業地帯、②瀬戸内《せとうち》工業地域にあてはまるものを、それぞれ 1 つ選びなさい。
①［　　　］　②［　　　］

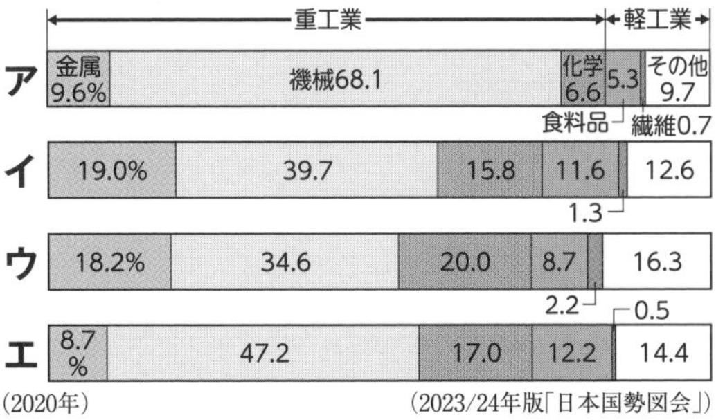

記述 (4) 地図中の X・Y の平野で行われている共通する農業の特徴《とくちょう》を答えなさい。
［　　　　　　　　　　　　　　　　　　］

得点アップ　長野県や群馬県などでは、涼《すず》しい気候を利用して出荷時期を遅《おく》らせる抑制栽培《よくせいさいばい》が行われている。

月　日

5 日本の諸地域 ①

目標時間 10 分

時間　分

解答→別冊 p.3

1 **右の地図を見て、次の問いに答えなさい。**

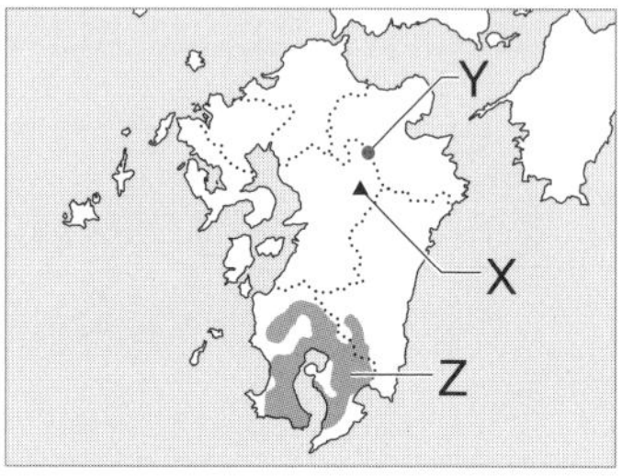

(1) X の山で見られる、火山の噴火《ふんか》によりできた大きなくぼ地を何といいますか。 [　　　　]

(2) Y は、火山の熱を利用して行われる発電所です。この発電を何といいますか。 [　　　　]

(3) Z の台地でさかんな農業を、次から 1 つ選びなさい。

ア 畜産《ちくさん》　**イ** 酪農《らくのう》　**ウ** 稲作《いなさく》 [　　　　]

2 **次の問いに答えなさい。**

(1) 四国地方と中国地方を道路や鉄道で結ぶ、3 つのルートを合わせて何といいますか。 [　　　　]

(2) 中国・四国地方の山間部で見られる、人口が減少し、社会生活の維持《いじ》が難しくなっている現象を何といいますか。 [　　　　]

記述 (3) 京都市や奈良市で、建物の高さや色が制限されている理由を、簡単に答えなさい。

[　　　　　　　　　　　　　　　　]

3 **右の地図を見て、次の問いに答えなさい。**

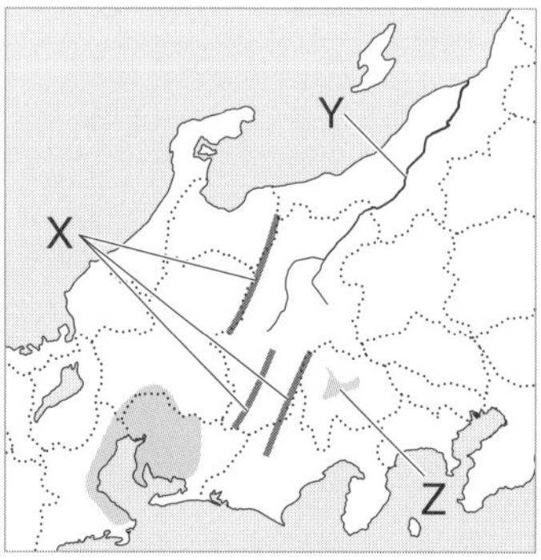

(1) 地図中の X で示された 3 つの山脈をまとめた呼び名、Y の河川の名称《めいしょう》を答えなさい。

X [　　　　]　Y [　　　　]

記述 (2) 北陸地方では、伝統産業や地場産業がさかんである理由を、気候に着目して、簡単に答えなさい。

[　　　　　　　　　　　　　　　　]

(3) 地図中の Z の盆地《ぼんち》で生産がさかんな農作物を、次から 1 つ選びなさい。 [　　　　]

ア みかん　**イ** ぶどう　**ウ** りんご　**エ** パイナップル

(4) 地図中の ▒▒ は、愛知県を中心とする工業地帯を表しています。この工業地帯の製造品出荷額の割合が 6 割をこえる工業を、次から 1 つ選びなさい。 [　　　　]

ア 金属　**イ** 石油化学

ウ 機械　**エ** 食料品

得点アップ　中部地方は、太平洋側の東海地方、内陸の中央高地、日本海側の北陸地方に分けられる。

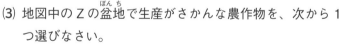

月　日

6 日本の諸地域 ②

目標時間 10 分

時間　分

解答→別冊 p.3

1 **右の地図を見て、次の問いに答えなさい。**

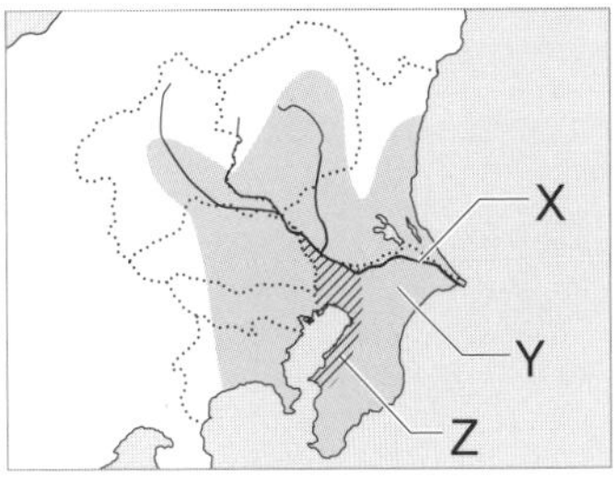

(1) 地図中のＸの川の名称と、Ｙの平野につもる赤土の層を何といいますか。

X[　　　　　] Y[　　　　　]

記述 (2) 地図中の東京都は昼夜間人口比率が100をこえていて、周辺の県は100を下回っています。その理由を、簡単に答えなさい。

[　　　　　　　　　　　　　　　　]

(3) 地図中のＺに広がる工業地域を何といいますか。

[　　　　　]

(4) 地図中の千葉県でさかんな、大都市に近いことを生かして、新鮮《しんせん》なうちに市場に出荷することを目的に行われる農業を何といいますか。[　　　　　]

2 **右の地図を見て、次の問いに答えなさい。**

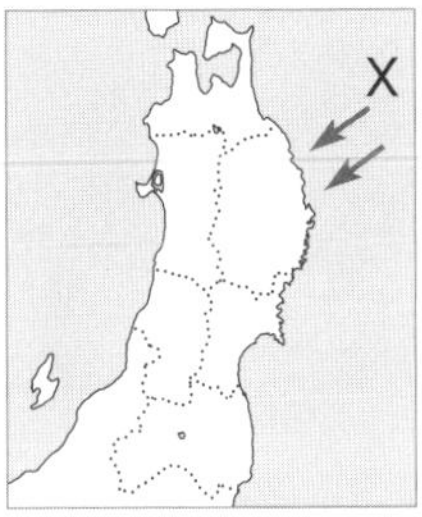

(1) 地図中のＸで示されている、夏に冷たい冷気をもたらす風の名称を答えなさい。また、この風が吹《ふ》くと農作物の生育が悪くなる自然災害を何といいますか。

風[　　　　　] **自然災害**[　　　　　]

(2) 地図中の岩手県で生産されている伝統的工芸品を、次から１つ選びなさい。[　　　]

ア 西陣織《にしじんおり》　**イ** 輪島塗《わじまぬり》

ウ 南部鉄器　**エ** 天童将棋駒《てんどうしょうぎごま》

3 **右の地図を見て、次の問いに答えなさい。**

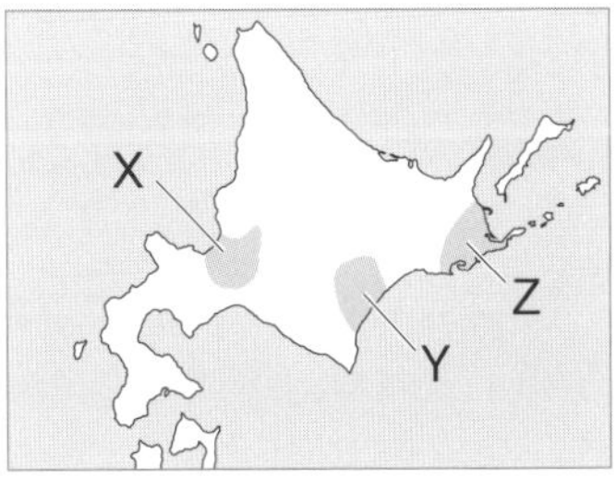

(1) 北海道の先住民族を何といいますか。

[　　　　　]

(2) 地図中のＸ～Ｚの平野・台地でさかんな農業を、次から選び、それぞれ答えなさい。

X[　　　　] Y[　　　　] Z[　　　　]

ア 畑作　**イ** 稲作《いなさく》

ウ 焼畑《やきはた》農業　**エ** 酪農《らくのう》

得点アップ **1**の(4)の農業は、野菜や花きなどをつくっていて、大都市に近い愛知県や兵庫県でもさかん。

月　日

7 古代までの日本

目標時間 10 分

時間　分

解答→別冊 p.4

1 **右の地図を見て、次の問いに答えなさい。**

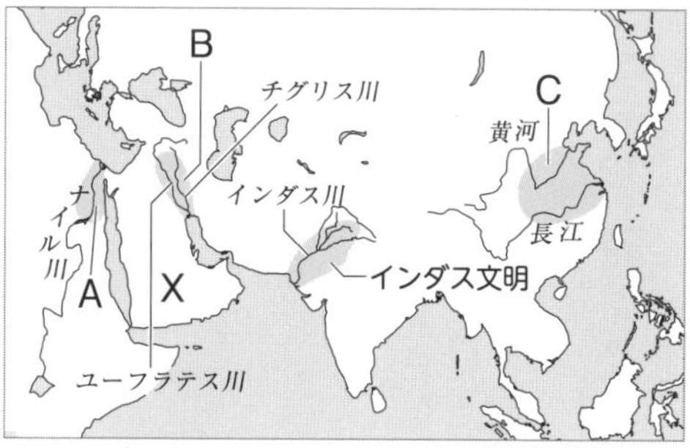

(1) 地図中のA・B・Cの古代文明に関係の深い語句を、次からそれぞれ2つ選びなさい。

A[　　][　　]

B[　　][　　]

C[　　][　　]

ア 楔形《くさびがた》文字　**イ** 象形文字

ウ 甲骨《こうこつ》文字　**エ** 太陽暦《れき》　**オ** 青銅器　**カ** 太陰《たいいん》暦

(2) 地図中のXの半島で、7世紀にイスラム教を開いた人物はだれですか。

[　　]

2 **次の資料を見て、あとの問いに答えなさい。**

Ⅰ
一に曰《いわ》く、和をもって貴《たっと》しとなし、さからうことなきを宗《むね》とせよ。
三に曰く、詔《みことのり》をうけたまわりては必ずつつしめ。（一部要約）

Ⅱ

Ⅲ
この世をば
わが世とぞ思う望月《もちづき》の
欠けたることも
無しと思へば

(1) 資料Ⅰについて、次の問いに答えなさい。

①資料Ⅰを定めた人物を答えなさい。[　　]

②この資料Ⅰは、だれの心構えを定めたものですか。次から1つ選びなさい。

ア 天皇　**イ** 豪族《ごうぞく》　**ウ** 役人　**エ** 農民　[　　]

(2) 資料Ⅱについて、次の問いに答えなさい。

記述 ①聖武《しょうむ》天皇がこの大仏をつくった理由を、簡単に答えなさい。

[　　]

②この大仏がつくられた時代に行われた、戸籍《こせき》にしたがって国が口分田《くぶんでん》を与《あた》え、死ぬと返させる制度を何といいますか。[　　]

(3) 資料Ⅲについて、次の問いに答えなさい。

①この歌をよんだ藤原道長《ふじわらみちなが》が行った政治を何といいますか。[　　]

②このころ、かな文字を使って『源氏物語《げんじものがたり》』を書いた人物を、次から選びなさい。

ア 清少納言《せいしょうなごん》　**イ** 藤原定家《さだいえ》《ていか》　**ウ** 紀貫之《きのつらゆき》　**エ** 紫式部《むらさきしきぶ》　[　　]

得点アップ　奈良時代は律令政治、平安時代は藤原氏が**2**の(3)の①の政治を行った。

8 中世の日本

解答→別冊 p.4

1 右の年表を見て、次の問いに答えなさい。

年	できごと
1086	(　X　)が院政を始める
1167	A 平清盛《たいらのきよもり》が武士として初めて太政大臣《だいじょうだいじん》になる
1192	源頼朝《みなもとのよりとも》が征夷大将軍《せいいたいしょうぐん》となる
1221	(　Y　)が承久《じょうきゅう》の乱をおこす
1232	B 御成敗式目《ごせいばいしきもく》が定められる
1274	C 元《げん》が２度にわたって攻《せ》めてくる(1281 年)
1334	(　Z　)が建武《けんむ》の新政《しんせい》を始める
1392	D 足利義満《あしかがよしみつ》が南北朝を統一する
1467	E 応仁《おうにん》の乱がおこる
1482	F 足利義政《よしまさ》が銀閣を建てる

(1) 年表中のＸ～Ｚにあてはまる人物を、次からそれぞれ選びなさい。

Ｘ[　　　] Ｙ[　　　]

Ｚ[　　　]

ア 白河上皇　**イ** 後醍醐《ごだいご》天皇

ウ 天武《てんむ》天皇　**エ** 後鳥羽《ごとば》上皇

(2) 年表中Ａ、Ｄの人物が貿易を行った中国の王朝を、次からそれぞれ選びなさい。 Ａ[　　　] Ｄ[　　　]

ア 明《みん》　**イ** 漢《かん》　**ウ** 唐《とう》　**エ** 宋《そう》

(3) 下線部Ｂについて、これを定めた執権《しっけん》はだれですか。 [　　　]

記述 (4) 下線部Ｃについて、この後、御家人《ごけにん》たちが幕府に不満をいだくようになった理由を簡単に答えなさい。

[　　　　　　　　　　]

(5) 下線部Ｄの人物の保護を受けて能《のう》を大成した人物を、次から１つ選びなさい。 [　　　]

ア 雪舟《せっしゅう》　**イ** 出雲《いずも》の阿国《おくに》　**ウ** 観阿弥《かんあみ》・世阿弥《ぜあみ》　**エ** 運慶《うんけい》

(6) 下線部Ｅについて、次の問いに答えなさい。

①この乱のあと、実力あるものが身分の上の者にとって代わる風潮が生まれました。この風潮を何といいますか。 [　　　]

②下線部Ｅのころの農村のようすとしてあてはまるものを、次から１つ選びなさい。 [　　　]

ア 二毛作が始まり、草木灰が肥料として使われるようになった。

イ 有力な農民が中心となって惣《そう》としてまとまり、自治を行った。

ウ 同業者組合である座を結成して、有力な貴族や寺社の保護を受けた。

エ 商品作物を栽培《さいばい》し、都市に売って貨幣《かへい》を得るようになった。

(7) 下線部Ｆについて、右は銀閣の隣《となり》につくられた東求堂《とうぐどう》の内部のようすを表したものです。このような建築様式を何といいますか。 [　　　]

得点アップ　御成敗式目を定めた執権と、元寇《げんこう》(モンゴルの襲来《しゅうらい》)のときの執権をしっかりと覚えよう。

月　日

9 近世の日本

目標時間 10 分

時間 分

解答→別冊 p.5

1 右の地図を見て、次の問いに答えなさい。

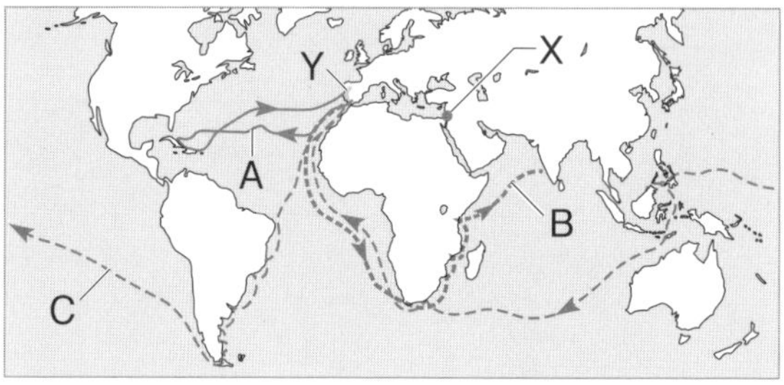

(1) 地図中Xを取り戻《もど》すために、ローマ・カトリック教会が組織した軍隊を何といいますか。　[　　　]

(2) A～Cのうち、バスコ＝ダ＝ガマの航路を1つ選びなさい。　[　　　]

(3) Yの国の人が日本に伝え、戦国大名の戦い方などを変えたものは何ですか。　[　　　]

2 次の文を読んで、あとの問いに答えなさい。

A　豊臣秀吉《とよとみひでよし》は、太閤《たいこう》検地とa農民から武器を取り上げる政策を行い、全国を統一した。
B　徳川家康《とくがわいえやす》は、江戸《えど》に幕府を開き、b大名統制のための法令を出した。
C　徳川吉宗《とくがわよしむね》は、幕府の財政を立て直すためにc改革を行った。
D　化政《かせい》文化では、錦絵《にしきえ》と呼ばれる多色刷りの版画が庶民《しょみん》に楽しまれた。

(1) Aについて、次の問いに答えなさい。

①下線部aの政策を何といいますか。　[　　　]

②太閤検地と①の政策によって、武士と農民の身分の区別が明らかになったことを何といいますか。　[　　　]

(2) Bについて、下線部bの法令を何といいますか。　[　　　]

(3) Cについて、次の問いに答えなさい。

①下線部cの改革の内容にあてはまるものを、次から1つ選びなさい。　[　　　]

ア　株仲間を奨励《しょうれい》し、長崎貿易を積極的に行った。
イ　幕府の学問所で朱子《しゅし》学以外の学問を禁じた。
ウ　裁判の基準である公事方御定書《くじかたおさだめがき》を定めた。
エ　物価の上昇《じょうしょう》を抑《おさ》えるため、株仲間を解散した。

②このころ、『古事記伝《こじきでん》』を著して、日本古来の精神を明らかにしようとする国学を大成した人物を、次から1つ選びなさい。　[　　　]

ア　杉田玄白《すぎたげんぱく》　**イ**　田沼意次《たぬまおきつぐ》　**ウ**　松尾芭蕉《まつおばしょう》　**エ**　本居宣長《もとおりのりなが》

(4) Dのころ、「東海道五十三次」を描《えが》いた人物を、次から1つ選びなさい。　[　　　]

ア　歌川広重《うたがわひろしげ》　**イ**　葛飾北斎《かつしかほくさい》　**ウ**　菱川師宣《ひしかわもろのぶ》　**エ**　喜多川歌麿《きたがわうたまろ》

得点アップ　徳川吉宗は享保《きょうほう》の改革、松平定信《まつだいらさだのぶ》は寛政《かんせい》の改革、水野忠邦《みずのただくに》は天保《てんぽう》の改革を行った。

10 開国と近代日本の歩み

解答→別冊 p.5

1 右の年表を見て、次の問いに答えなさい。

年代	できごと
1640	ピューリタン革命がおこる
1688	名誉《めいよ》革命がおこる …a
1775	アメリカ独立戦争がおこる …b
1789	フランス革命がおこる …c
1840	[d]がおこる

(1) 年表中a～cに関係の深いものを、次からそれぞれ選びなさい。

a[　　　]　b[　　　]　c[　　　]

ア　人権宣言《じんけんせんげん》　　**イ**　独立宣言

ウ　権利章典　　**エ**　奴隷《どれい》解放宣言

(2) 年表中dのことを聞き、江戸《えど》幕府は異国船打払《うちはらい》令をやめて、外国船に薪《まき》と水を与《あた》える方針に転換《てんかん》しました。dにあてはまる語句を、次から1つ選びなさい。[　　　]

ア　太平天国《たいへいてんごく》の乱　　**イ**　アヘン戦争

ウ　インド大反乱　　**エ**　南北戦争

2 次のA～Cの文を読んで、あとの問いに答えなさい。

A　江戸幕府は、1854年にa日米和親条約、1858年に日米修好通商条約を結び、b外国と貿易を開始した。

B　明治新政府は、富国強兵政策として、c地租《ちそ》改正、学制、徴兵《ちょうへい》令の3つの改革を行い、d殖産《しょくさん》興業を進めた。

C　岩倉《いわくら》使節団が条約改正の交渉《こうしょう》を始め、約40年かけて、e領事裁判権の撤廃《てっぱい》とf関税自主権の回復を成し遂《と》げた。

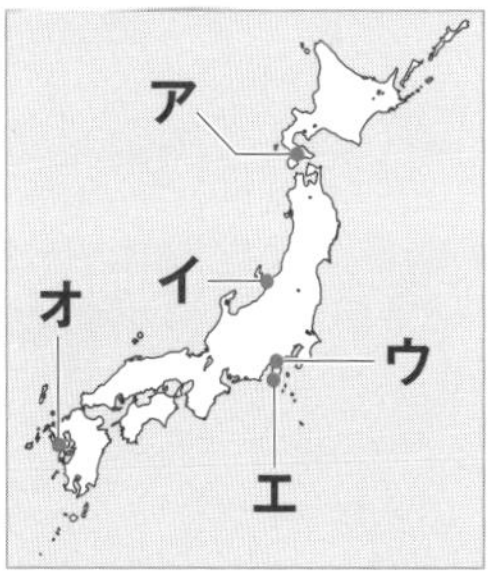

(1) 下線部aについて、この条約によって開かれた港を、右の地図中から2つ選びなさい。[　　　][　　　]

(2) 下線部bの影響《えいきょう》として、誤っているものを次から1つ選びなさい。[　　　]

ア　物価が上昇《じょうしょう》した。　　**イ**　国内で品不足がおこった。

ウ　生活が苦しくなった。　　**エ**　生糸の生産が打撃《だげき》を受けた。

記述 (3) 下線部cの政策の結果を、「地価」「財政」という語句を使って簡単に答えなさい。

[　　　　　　　　　　　　　　　　　　　　]

(4) 下線部dについて、この政策の一環《いっかん》として群馬県に造られ、2014年に世界文化遺産に登録された官営模範《もはん》工場を何といいますか。[　　　]

(5) 下線部e・fについて、不平等条約の内容と、改正を達成した人物の組み合わせとして正しいものを、次から1つ選びなさい。[　　　]

ア　e－小村寿太郎《こむらじゅたろう》　f－陸奥宗光《むつむねみつ》　　**イ**　e－小村寿太郎　f－伊藤博文《いとうひろぶみ》

ウ　e－陸奥宗光　f－小村寿太郎　　**エ**　e－伊藤博文　f－陸奥宗光

得点アップ　領事裁判権の撤廃に成功したのは日清《にっしん》戦争の前、関税自主権の回復は日露《にちろ》戦争後である。

月　日

11 2度の世界大戦と日本

目標時間 10 分

時間　分

解答→別冊 p.6

1 右の年表を見て、次の問いに答えなさい。

年	できごと	
1914	第一次世界大戦がおこる	
1915	中国に（　X　）を出す	
1918	シベリア出兵	…a
	本格的な政党内閣が成立する	…b
1919	ベルサイユ条約が結ばれる	
1925	普通《ふつう》選挙法が定められる	…c
1929	世界恐慌がおこる	…d
1931	柳条湖《りゅうじょうこ》《リウティアオフー》事件から（　Y　）がおこる	
1933	国際連盟を脱退する	…e
1937	日中戦争が始まる	…f
	↕g	
1945	（　Z　）を受け入れて降伏《こうふく》する	

(1) 年表中のX～Zにあてはまる語句を答えなさい。

X［　　　　］

Y［　　　　］

Z［　　　　］

(2) 年表中aのシベリア出兵を見こした米の買い占《し》めによって、全国に広がった運動を何といいますか。

［　　　　］

(3) 年表中bの政党内閣を組閣した人物を、次から１つ選びなさい。

［　　　］

ア 加藤高明《かとうたかあき》　**イ** 原敬《はらたかし》

ウ 大隈重信《おおくましげのぶ》　**エ** 犬養毅《いぬかいつよし》

(4) 年表中cについて、このときの選挙権の条件を、次から１つ選びなさい。［　　　］

ア 満25歳《さい》以上の男女　**イ** 満25歳以上の男子で直接国税15円以上納めた人

ウ 満25歳以上の男子　**エ** 満20歳以上の男子

記述 (5) 年表中dについて、右のグラフは1929年を100としたおもな国の鉱工業生産を示したものです。ソ連だけが世界恐慌《きょうこう》の影響《えいきょう》を受けなかった理由を、簡単に答えなさい。

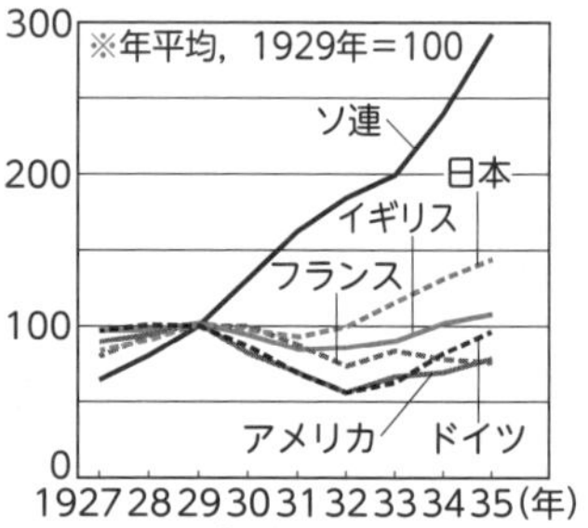

（「明治以降本邦主要経済統計」）

［　　　　　　　　　　　　］

記述 (6) 年表中eについて、日本が国際連盟を脱退《だったい》した理由について、簡単に答えなさい。

［　　　　　　　　　　　　］

(7) 年表中fのときに中国共産党を率いていた人物を、次から１つ選びなさい。［　　　］

ア 孫文《そんぶん》《スンウェン》　**イ** 袁世凱《えんせいがい》《ユアンシーカイ》　**ウ** 蒋介石《しょうかいせき》《チャンチェシー》　**エ** 毛沢東《もうたくとう》《マオツォトン》

(8) 年表中gの間におこったできごとでないものを、次から１つ選びなさい。［　　　］

ア 二・二六事件がおこる　**イ** 国家総動員法が定められる

ウ 大政翼賛会《よくさんかい》が結成される　**エ** 日独伊三国同盟を結ぶ

得点アップ　満州事変のきっかけは柳条湖事件、日中戦争のきっかけは盧溝橋《ろこうきょう》《ルーコウチアオ》事件、区別しておこう。

月　日

12 現代の日本と世界

目標時間 10 分

時間　分

解答→別冊 p.6

1 次の文を読んで、あとの問いに答えなさい。

A　敗戦後、日本は連合国軍最高司令官総司令部（GHQ）の間接統治を受け、民主化を進めた。
B　戦後、世界は西側諸国と東側諸国に分かれ、冷たい戦争（冷戦）と呼ばれる状態になった。
C　日本は、サンフランシスコ平和条約を結んで主権を回復し、その５年後、国際連合に加盟した。
D　1950年代後半から「もはや戦後ではない」と呼ばれるほどの経済成長の時期が続いた。
E　2015年に国連サミットで、持続可能な開発目標が採択《さいたく》された。

⑴ Aについて、次の問いに答えなさい。

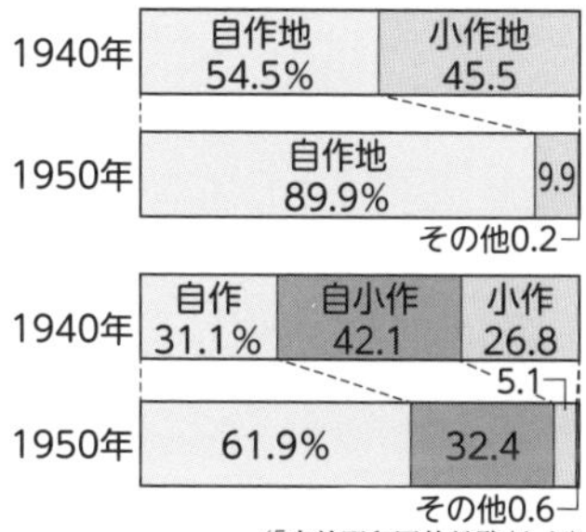

（「完結昭和国勢総覧」など）

①右のグラフは、GHQの指導で行われた何による変化を示していますか。［　　　］

② GHQの民主化政策として、誤っているものを、次から１つ選びなさい。［　　　］

ア　治安維持法《ちあんいじほう》の制定　　**イ**　財閥《ざいばつ》解体

ウ　教育基本法の制定　　**エ**　労働組合法の制定

記述

⑵ Bについて、冷戦の影響《えいきょう》を受けて朝鮮《ちょうせん》半島では朝鮮戦争がおこりました。このときに日本の経済復興が早まった理由を、簡単に答えなさい。

［　　　　　　　　　　　　　　　　　　　　　　］

⑶ Cについて、次の問いに答えなさい。

①サンフランシスコ平和条約を結んだ内閣総理大臣を、次から１つ選びなさい。

ア　田中角栄《たなかかくえい》　**イ**　佐藤栄作《さとうえいさく》　**ウ**　吉田茂《よしだしげる》　**エ**　岸信介《きしのぶすけ》　［　　　］

②日本の国際連合加盟を実現させたできごとを、次から１つ選びなさい。［　　　］

ア　日中共同声明　　**イ**　日韓《にっかん》基本条約の締結《ていけつ》

ウ　日ソ共同宣言　　**エ**　アジア・アフリカ会議の開催《かいさい》

⑷ Dについて、次の問いに答えなさい。

①高い経済成長が続いた時期を何といいますか。［　　　］

②①の時期のできごととしてあてはまらないものを、次から１つ選びなさい。［　　　］

ア　公害問題が深刻化し、公害対策基本法が定められた。

イ　投機により、株式と土地の価格が異常に高くなった。

ウ　日本の国民総生産（GNP）が、資本主義国の中で第２位となった。

エ　池田勇人《いけだはやと》内閣が「所得倍増計画」を掲《かか》げた。

⑸ Eについて、持続可能な開発目標の略称《りゃくしょう》を、アルファベットで答えなさい。

［　　　］

得点アップ　現代社会では、高度経済成長期とバブル経済期の経済の動きを区別しておこう。

月	日

中学1・2年の総復習テスト

時間 20 分

70点で合格！　　点

解答→別冊 p.7

1 次の地図1・2を見て、次の問いに答えなさい。

(1) 地図1のア～エの緯線《いせん》のうち、赤道を示すものを、1つ選びなさい。（4点）〔新潟一改〕［　　　］

地図1

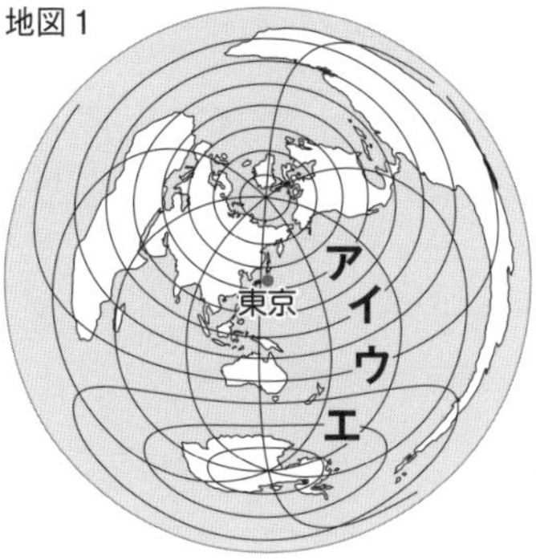

地図2

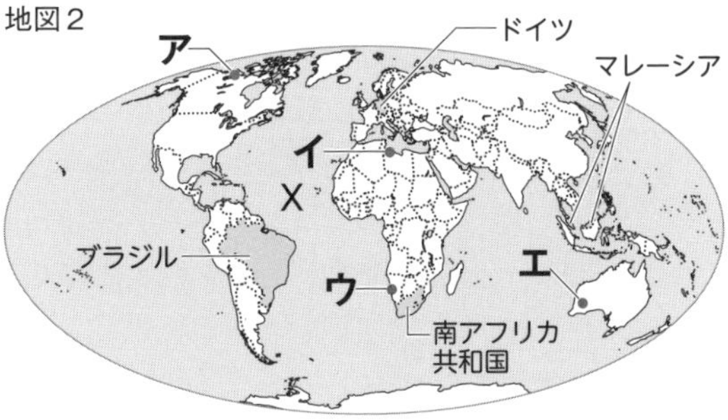

(2) 地図2の地点ア～エのうち、東京から見た方位がほぼ西の地点として最も適当なものを、1つ選びなさい。（4点）〔新潟一改〕［　　　］

(3) 地図2のXで示された大洋を何といいますか。（4点）〔和歌山〕

［　　　］

	人口密度（人/km²）	1人あたり国民総所得（ドル）	主要輸出品の輸出額の割合(%)		
			第1位	第2位	第3位
a	233	52885	機械類（27.9）	自動車（14.5）	医薬品（7.4）
b	103	10769	機械類（40.8）	石油製品（7.4）	衣類（4.8）
c	49	6920	白金族（19.1）	自動車（8.8）	鉄鉱石（8.1）
d	25	7305	鉄鉱石（15.9）	大豆（13.7）	原油（10.9）

（2021年）　（2023/24年版「世界国勢図会」）

(4) 右の表は、地図2で示したブラジル、ドイツ、南アフリカ共和国、マレーシアについて、それぞれ示したものです。このうち、a・cにあてはまる国名をそれぞれ答えなさい。（4点×2）〔新潟〕

a［　　　］ c［　　　］

2 右の地図を見て、次の問いに答えなさい。

〔鹿児島〕

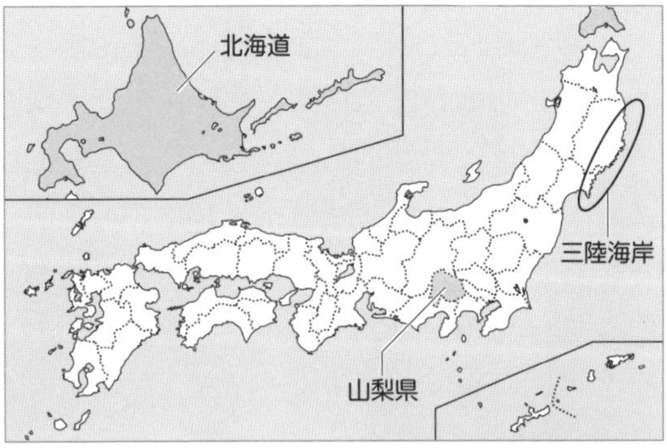

(1) 略地図中の北海道では、乳牛を飼育し、牛乳やバターなどの乳製品を生産する農業がさかんです。この農業を何といいますか。（8点）［　　　］

(2) 略地図中の三陸海岸沖は、寒流と暖流がぶつかり、良い潮目（潮境）となっています。暖流である日本海流とぶつかる寒流の名前を答えなさい。（8点）

［　　　］

(3) 略地図中の山梨県では、右のイラストのような地形が見られます。このような地形を何といいますか。（8点）［　　　］

3 日本と中国との歴史上の関わりを資料にまとめました。次の問いに答えなさい。〔大分〕

記述

(1) 下線部 a に関連して、遣唐使《けんとうし》の派遣《はけん》を停止した理由を、「航海が危険であるから」以外に 10 字以内で答えなさい。（8点）

	関連することがら
古代	・倭《わ》からたびたび中国に使いを送る ・菅原道真《すがわらのみちざね》の提案により a 遣唐使の派遣を停止する
b 中世	・c 元寇がおきる ・明《みん》が倭寇《わこう》の取り締《し》まりを要求する
近世	・d 豊臣秀吉が明の征服《せいふく》をめざして朝鮮に軍を派遣する ・鎖国《さこく》体制の中で長崎に唐人屋敷《とうじんやしき》を置く
近代	・e 日清《にっしん》戦争がおきる ・f 満州事変がおきる
現代	・g 日中国交正常化が実現する

(2) 下線部 b に関連して、中世におきた承久《じょうきゅう》の乱について述べた文として最も適当なものを、次から 1 つ選びなさい。（8点）

ア 全国の武士が北朝と南朝の勢力に分かれて争った。
イ 将軍の後継《あとつ》ぎ問題をめぐって有力な守護《しゅご》大名が対立した。
ウ 上皇《じょうこう》の勢力争いがおこり、平氏《へいし》が源氏《げんじ》を破って勢力を拡大した。
エ 上皇が幕府を倒《たお》そうと兵をあげたが、幕府は大軍を送って上皇の軍を破った。

(3) 下線部 c に関連して、元寇《げんこう》に対処した幕府の執権《しっけん》の人物名を、漢字で答えなさい。（8点）

(4) 下線部 d に関連して、豊臣秀吉《とよとみひでよし》の政策について述べたものとして適当でないものを、次から 1 つ選びなさい。（8点）

ア 権力の大きさを示すため、雄大《ゆうだい》な天守をもつ大阪城を築いた。
イ 一揆《いっき》を防ぐため、百姓《ひゃくしょう》が刀などの武器をもつことを禁止した。
ウ キリスト教を禁止するため、南蛮《なんばん》貿易を停止し宣教師を国外追放した。
エ 年貢《ねんぐ》を確実に集めるため、地域によって異なっていたものさしやますを統一した。

(5) 下線部 e に関連して、次の文 A・B の正誤の組み合わせとして最も適当なものを、右から 1 つ選びなさい。（8点）

	A	B
ア	正	正
イ	正	誤
ウ	誤	正
エ	誤	誤

A 下関条約によって、清《しん》が朝鮮《ちょうせん》の独立を認め、日本に賠償金《ばいしょうきん》を支《し》払《はら》うことなどが決められた。
B 下関条約が結ばれた直後、ロシアはドイツやフランスとともに山東《さんとう》《シャントン》半島の返還《へんかん》を日本に求めた。

(6) 下線部 f に関連して、満州事変《まんしゅうじへん》のきっかけとなった事件がおきた場所を、略地図中から 1 つ選びなさい。（8点）

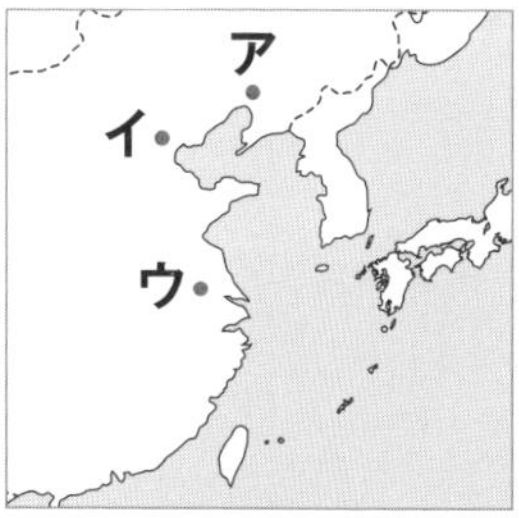

(7) 下線部 g に関連して、次の文の【　　】にあてはまる語句を漢字で答えなさい。（8点）

「日本は、田中角栄《たなかかくえい》内閣のときに【　　】を調印し、中国と国交を正常化した」

数学
最重要ポイント

1 数と式の計算

→ p.22～23

正の数・負の数の加法

例 $(+2)+(-3)$ ― 項《こう》だけを並べる

$=2-\underline{3}$

$=-1$

正の数・負の数の減法

例 $(+2)-(-3)$ ― 符号《ふごう》を変えて加法に

$=(+2)\underline{+}(\underline{+}3)$

$=2+3=5$

正の数・負の数の乗法・除法

例 $(-2)\times(-3)$

$=\underline{+}(2\times3)$ ← 同符号は正

$=6$

$(-6)\div(+3)$

$=\underline{-}(6\div3)$ ← 異符号は負

$=-2$

式の計算

例 $2(2x-3)-3(x-1)$ ― かっこをはずす

$=4x-6-3x+3$ ― 同じ文字の項(同類項)をまとめる

$=4x-3x-6+3$

$=\underline{x}-3$

単項式の乗法・除法

例 $6a^2b\div\frac{3}{2}ab^2\times(-b)=6a^2b\times\underline{\frac{2}{3ab^2}}\times(-b)$ ← 除法は逆数にして乗法に

$=\underline{-}\frac{6a^2b\times2\times b}{3ab^2}=-4a$ ← 符号をまとめる

2 方程式

→ p.24～25

1次方程式の解き方

例 $0.5x-0.2=1+0.1x$ ― 両辺に10をかけて係数を整数にする

$5x-2=\underline{10}+x$ ― x をふくむ項を左辺に、数の項を右辺に移項する

$5x\underline{-x}=10\underline{+2}$ ― $ax=b$ の形にする

$4x=12$ ― 両辺を x の係数でわる

$x=\underline{3}$

比例式の解き方

例 $x:4=3:2$

外項の積　内項の積

$\underline{2}x=4\times\underline{3}$

$x=6$

連立方程式の解き方(加減法)

例 $\begin{cases}2x+3y=1 & \cdots① \\ 3x-y=7 & \cdots②\end{cases}$

係数の絶対値をそろえる

①　　　$2x+3y=1$

②×$\underline{3}$　$+)\ 9x-3y=\underline{21}$

$11x\qquad=22$ ← y を消去

$x=2$

→ $x=2$ を②に代入して、

$3\times2-y=7$

$y=-1$

3 比例と反比例、1次関数

→ p.26～27

比例の式とグラフ

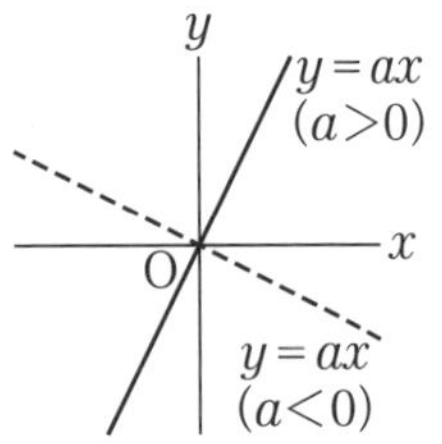

原点を通る直線。

反比例の式とグラフ

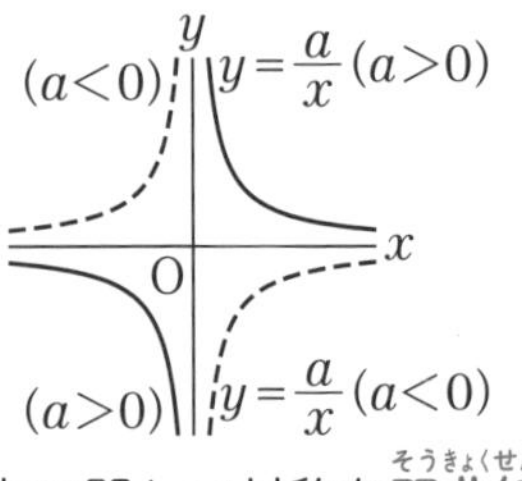

原点に関して対称な双曲線《そうきょくせん》。

1次関数の式とグラフ

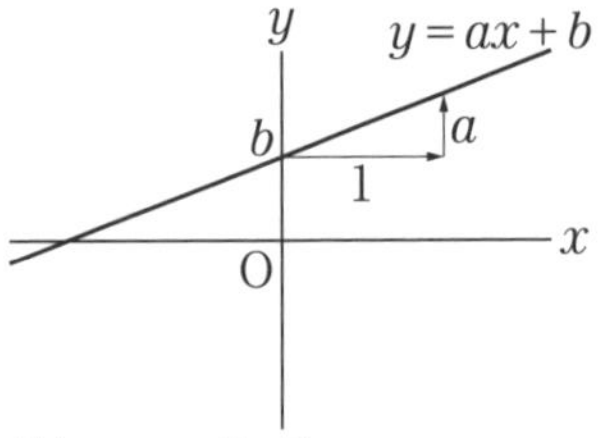

傾《かたむ》き $\underline{a}$、切片《せっぺん》 $\underline{b}$ の直線。

4 図　形

→ p.28〜31

垂直二等分線の作図

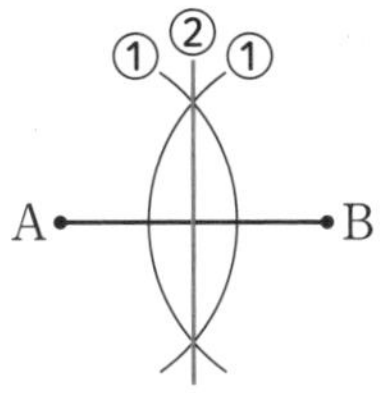

2 点 A、B から等距離《とうきょり》。

角の二等分線の作図

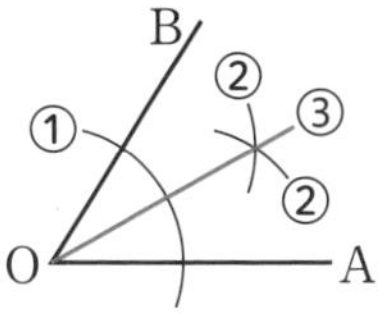

2 辺 OA、OB から等距離。

おうぎ形の弧の長さ ℓ と面積 S

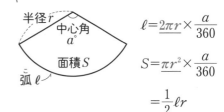

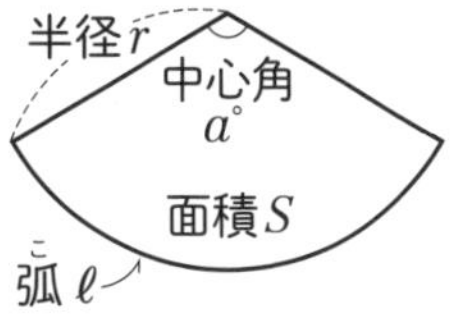

$\ell = 2\pi r \times \dfrac{a}{360}$

$S = \pi r^2 \times \dfrac{a}{360}$

$= \dfrac{1}{2}\ell r$

柱体の体積 V

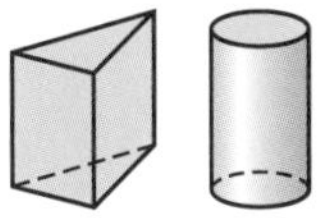

V＝底面積×高さ

錐体の体積 V

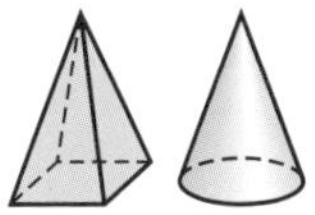

$V=\dfrac{1}{3}$×底面積×高さ

球の表面積 S と体積 V

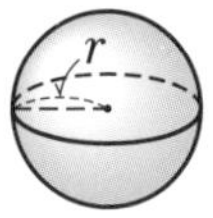

$S=4\pi r^2$　　$V=\dfrac{4}{3}\pi r^3$

平行線と角

①対頂角は等しい。

$\angle a = \angle b$

②$\ell /\!/ m$ のとき、平行線の同位角・錯角《さっかく》は等しい。

$\angle a = \angle c$　$\angle b = \angle c$

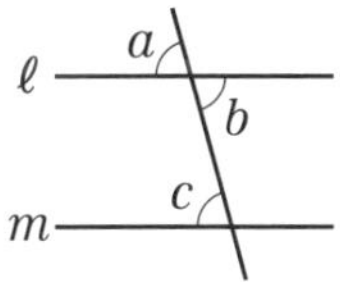

三角形と角

①三角形の内角の和

$\angle a + \angle b + \angle c = 180°$

②三角形の内角と外角

$\angle a + \angle b = \angle d$

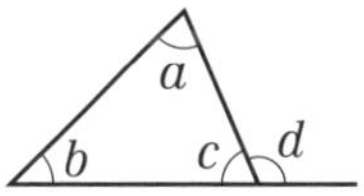

三角形の合同条件

① 3 組の辺がそれぞれ等しい。　② 2 組の辺とその間の角がそれぞれ等しい。

③ 1 組の辺とその両端の角がそれぞれ等しい。

二等辺三角形

定義 2 辺が等しい三角形。

性質 ① 2 つの底角は等しい。

②頂角の二等分線は底辺を垂直に二等分する。

平行四辺形になるための条件

① 2 組の対辺がそれぞれ平行である。（定義）

② 2 組の対辺がそれぞれ等しい。

③ 2 組の対角がそれぞれ等しい。

④対角線がそれぞれの中点で交わる。

⑤ 1 組の対辺が平行でその長さが等しい。

5 データの整理

→ p.32

①**第 1 四分位数《しぶんいすう》**　前半部分の中央値。

②**第 2 四分位数（中央値）**　データ全体の中央値。

③**第 3 四分位数**　後半部分の中央値。

④**四分位範囲《はんい》**　第 3 四分位数－第 1 四分位数

右の例の四分位範囲は、8－3＝5（点）

例　10 人の小テストの得点

2　3　3　4　5　6　8　8　8　9（点）

第 1 四分位数　$\frac{5+6}{2}=5.5$　第 3 四分位数

第 2 四分位数

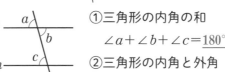

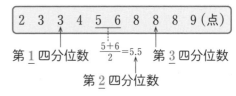

月　　日

1 正の数・負の数

目標時間 10 分

時間　　分

解答→別冊 p.8

1 次の問いに答えなさい。

(1) 5 つの数 $+0.9$、$-\frac{2}{3}$、0、$-\frac{3}{2}$、-1 を小さい順に並べなさい。

[　　　　　　　　]

(2) 2.15 より 3 小さい数を書きなさい。

[　　　　]

(3) 絶対値が $\frac{7}{2}$ より小さい整数は全部でいくつありますか。

[　　　　]

2 次の計算をしなさい。

(1) $(-4)-(+2)-(-3)$

[　　　　]

(2) $-8-3+13-4+7$

[　　　　]

(3) $(+5)\times(-4)$

[　　　　]

(4) $-12\div3-2\times(-5)$

[　　　　]

(5) $-3^3-(-5)\times(-2)^2$

[　　　　]

(6) $\left(-\frac{4}{15}\right)\times\frac{5}{8}+\left(-\frac{5}{14}\right)\div\left(-\frac{3}{7}\right)$

[　　　　]

3 次の表は、ある週の最高気温を、前日と比べて、前日より高いときは正の数で、低いときは負の数で表したものです。最高気温が最も高い日と最も低い日の差を求めなさい。

曜日	月	火	水	木	金	土	日
前日との差 (℃)		$+3$	-2	-7	$+5$	0	$+1$

[　　　　]

得点アップ **3** 前日との差から、月曜日との差に書きかえてみよう。

2 式の計算

月　日

目標時間 10 分

時間　分

解答→別冊 p.8

1 **次の計算をしなさい。**

(1) $(2x+3)+(5x-4)$

(2) $3(3a-1)-2(2a-5)$

(3) $\dfrac{5a+3}{2}-\dfrac{1-7a}{6}$

(4) $8xy^2\div(-2xy)^2\times(-xy)$

2 **次の数量の関係を表す等式、または、不等式をつくりなさい。**

(1) a の 2 乗と b の 2 乗の 3 倍の和は、a と b の積の 4 倍に等しい。

(2) y 円を持って買い物に行き、1 個 a 円のドーナツ x 個を b 円の箱に入れて買おうとしたら、お金がたりなかった。

3 **右の図の台形の面積を S cm² とするとき、次の問いに答えなさい。**

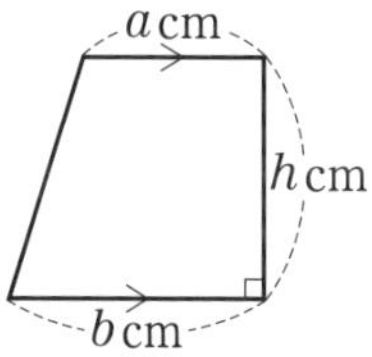

(1) 文字を使って、S を求める式を表しなさい。

(2) S の式を、h について解きなさい。

4 **連続する 2 つの奇数《きすう》の和は 4 の倍数であることを、文字を使って説明しなさい。**

得点アップ　**4**　n を整数として、連続する 2 つの奇数を n を使って表そう。

3 1次方程式

目標時間 10 分

時間　分

解答→別冊 p.9

1 次の方程式を解きなさい。

(1) $-8+2x=5x+7$

［　　］

(2) $4(2x+1)=-5(2-3x)$

［　　］

(3) $0.19x-1=0.07(x-4)$

［　　］

(4) $\frac{5}{6}x-\frac{1}{2}=-\frac{x+7}{4}-2$

［　　］

2 x についての方程式 $4x-5a=8-ax$ の解が $x=3$ のとき、a の値《あたい》を求めなさい。

［　　］

3 次の比例式を解きなさい。

(1) $x:8=5:4$

［　　］

(2) $(x-4):x=3:7$

［　　］

4 長いすにクラスの生徒が座ります。3人ずつ座ると5人が座れず、4人ずつ座ると長いすがちょうど1脚《きゃく》あまります。長いすの数と生徒の人数を求めなさい。

長いすの数［　　］　生徒の人数［　　］

得点アップ **4** 長いすの数を x 脚として、生徒の人数を3人ずつ座る場合と4人ずつ座る場合の2通りで表そう。

4 連立方程式

月　日

目標時間 10 分

時間　分

解答→別冊 p.10

1 次の連立方程式を解きなさい。

(1) $\begin{cases} 3x+7y=-1 \\ 2x-5y=9 \end{cases}$

[　　　　]

(2) $\begin{cases} 0.37x+0.3y=1 \\ 125x+150y=-100 \end{cases}$

[　　　　]

(3) $\begin{cases} \dfrac{x}{3}+\dfrac{2+3y}{2}=-1 \\ \dfrac{x+4}{4}+\dfrac{y}{2}=2 \end{cases}$

[　　　　]

(4) $4x-5y+1=-x+7y+5=2x+3$

[　　　　]

2 次の連立方程式の解が $x=4$、$y=-3$ となるとき、a、b の値《あたい》を求めなさい。

$\begin{cases} ax-by=-2 \\ bx+4y=2a \end{cases}$

[　　　　]

3 家から学校までの道のりは 1500 m です。はじめ、分速 75 m で歩いていましたが、途《と》中《ちゅう》で友達に会ったので、分速 60 m で一緒に歩きました。家を出てから学校に着くまでにかかった時間が 22 分のとき、分速 75 m で歩いた道のりと、分速 60 m で歩いた道のりを求めます。

(1) 分速 75 m で歩いた道のりを x m、分速 60 m で歩いた道のりを y m として、連立方程式をつくりなさい。

(2) 分速 75 m で歩いた道のりと、分速 60 m で歩いた道のりを求めなさい。

分速 75 m で歩いた道のり [　　　　]　分速 60 m で歩いた道のり [　　　　]

得点アップ　**1**(2)(3)　両辺に同じ数をかけて小数や分数の係数を整数にするときは、整数の係数にもかけ忘れないように。

5 比例と反比例

目標時間 10 分

時間　　分

解答→別冊 p.11

1 **次のア～エについて、あとの問いに答えなさい。**

ア　自然数 x 以下の素数の個数 y 個

イ　半径が x cm の円の円周 y cm

ウ　2 L のジュースを x 人で同じ量ずつ分けたときの 1 人分の量 y L

エ　最低気温が x ℃ の日の最高気温 y ℃

(1) y が x の関数であるものを選び、記号を書きなさい。

[　　　　]

(2) y が x に比例するもの、反比例するものをそれぞれ選び、記号を書きなさい。

比例 [　　　　]　**反比例** [　　　　]

2 **次の x と y について、y を x の式で表し、y は x に比例するか反比例するかを答えなさい。**

(1) 50 km の道のりを時速 x km で進むときにかかる時間 y 時間

式 [　　　　]　**y は x に** [　　　　] **する**

(2) 底面積が 18 cm^2、高さ x cm の三角錐《さんかくすい》の体積 y cm^3

式 [　　　　]　**y は x に** [　　　　] **する**

3 **右の図で、直線㋐の式は $y=2x$ です。点 A は直線㋐と双曲線《そうきょくせん》㋑の交点で、x 座標は 2 です。点 B は直線㋐と双曲線㋑のもうひとつの交点で、x 座標と y 座標はともに負の数です。**

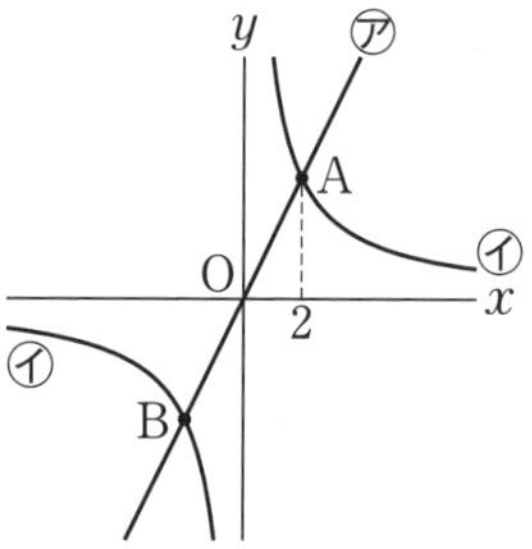

(1) 点 A の y 座標を求めなさい。

[　　　　]

(2) 双曲線㋑の式を求めなさい。

[　　　　]

(3) 点 B の座標を求めなさい。

[　　　　]

得点アップ　**3**(1)　点 A は直線㋐上にあるので、点 A の x 座標と y 座標は直線㋐の式の関係になっている。

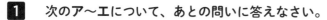

6 1次関数

目標時間 10 分

時間　　分

解答→別冊 p.11

1 **1次関数 $y=3x-2$ …① について、次の問いに答えなさい。**

(1) ①において、x の値《あたい》が -2 から 3 まで変化するとき、x の増加量と y の増加量を求めなさい。

x の増加量 [　　　　] **y の増加量** [　　　　]

(2) ①のグラフの傾《かたむ》きと切片を答えなさい。

傾き [　　　　] **切片** [　　　　]

2 **次の1次関数の式を求めなさい。**

(1) 変化の割合が -2 で、$x=2$ のとき $y=3$

[　　　　]

(2) グラフが2点 $(-1,\ 3)$ と $(2,\ 6)$ を通る

[　　　　]

(3) グラフが比例 $y=3x$ のグラフに平行で、点 $(-2,\ 3)$ を通る

[　　　　]

(4) x の値が 2 から 5 まで増加するときの y の増加量が -9 で、グラフが点 $(-5,\ 7)$ を通る

[　　　　]

3 **右の図で、直線㋐は $y=x-4$、直線㋑は $y=-\frac{1}{3}x+4$ のグラフです。直線㋐と直線㋑の交点を A、y 軸《じく》と直線㋐、㋑の交点をそれぞれ B、C、x 軸と直線㋐の交点を D とします。**

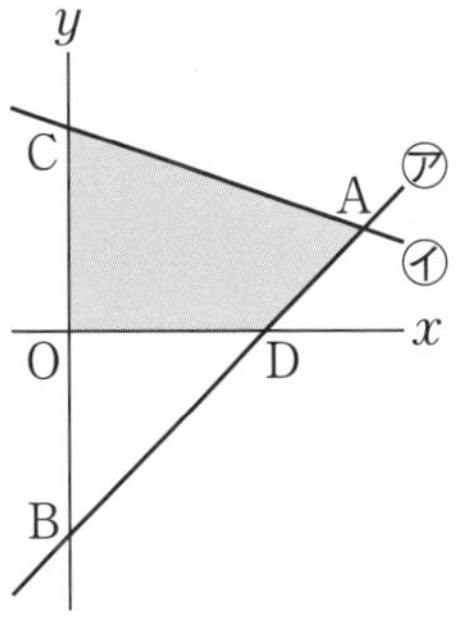

(1) 点 A の座標を求めなさい。

[　　　　]

(2) 線分 BC の長さを求めなさい。

[　　　　]

(3) 四角形 ACOD の面積を求めなさい。

[　　　　]

得点アップ　**3**(3)　四角形の面積は、面積を求めやすい三角形の和や差を利用して考えよう。

7 平面図形

解答→別冊 p.12

1 右の図は、正方形をすべて合同な直角三角形に分けたものです。これらの直角三角形について、[　　　]に適することばや記号を書きなさい。

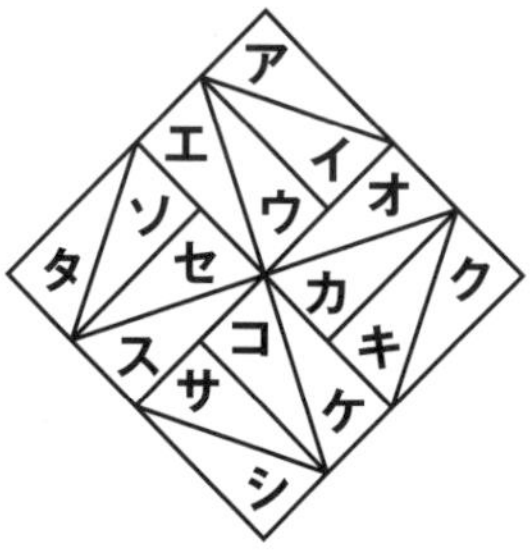

(1) 三角形**ア**を平行移動させた三角形は、三角形[　　　　　]です。

(2) 三角形**ソ**を**カ**の位置に2回の移動で移動させるには、まず、**セ**の位置に[　　　　　]移動し、次に**カ**の位置に[　　　　　]移動します。

2 次の作図をしなさい。

(1) 直線 ℓ に関して点 A と対称《たいしょう》な点 B

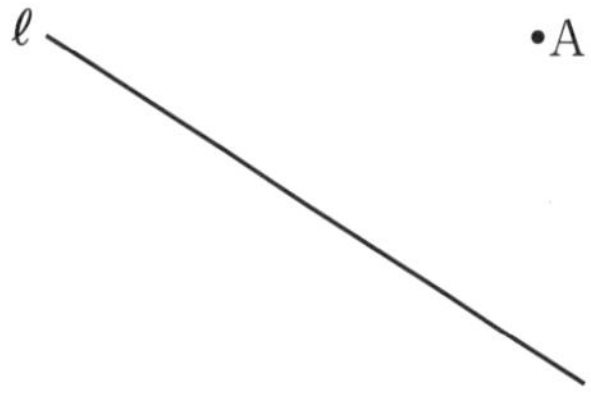

(2) 2点 A、B から等距離《とうきょり》で $\angle PAB=25°$ である点 P

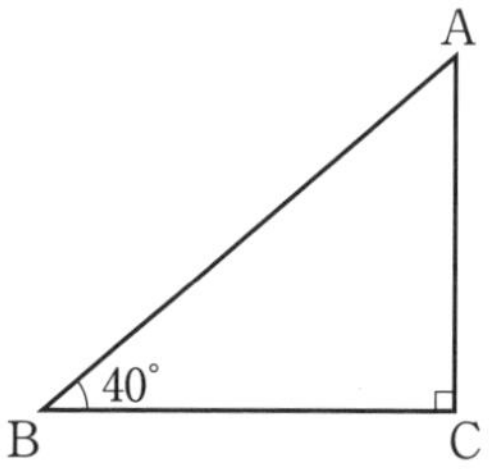

3 次の色のついた図形の周の長さと面積を求めなさい。

(1)

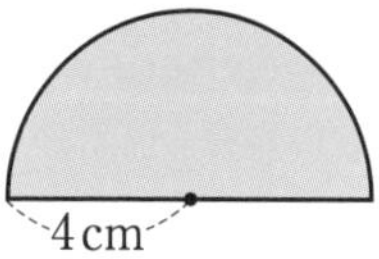

周の長さ[　　　　　]

面積[　　　　　]

(2)

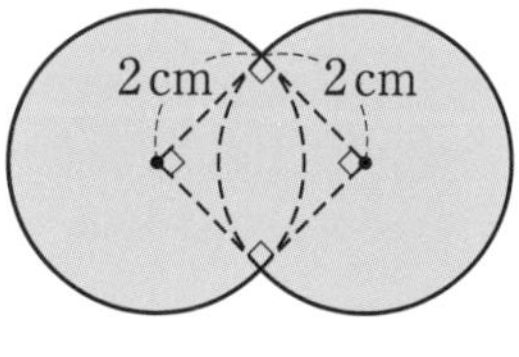

周の長さ[　　　　　]

面積[　　　　　]

4 右の図において、線分 PA、PB がそれぞれ点 A、B における円 O の接線のとき、色のついたおうぎ形の面積と $\angle APB$ の大きさを求めなさい。

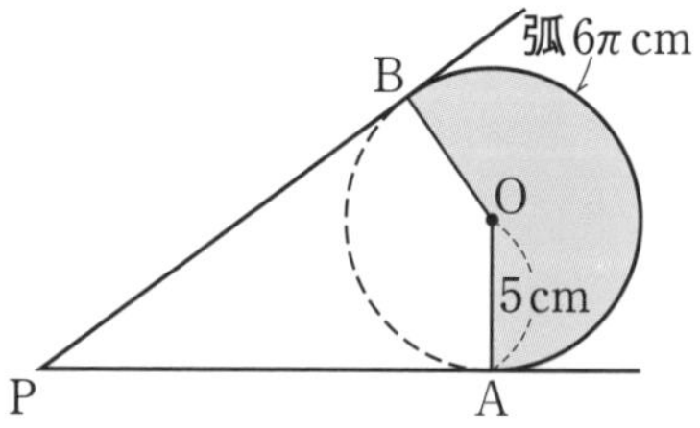

おうぎ形の面積[　　　　　]

$\angle APB$ の大きさ[　　　　　]

得点アップ　**3**(2)　2つのおうぎ形と中央の正方形に分割して考えよう。

8 空間図形

解答→別冊 p.13

1 **右の図の正六角柱について、〔　　〕に適する数や記号を書きなさい。**

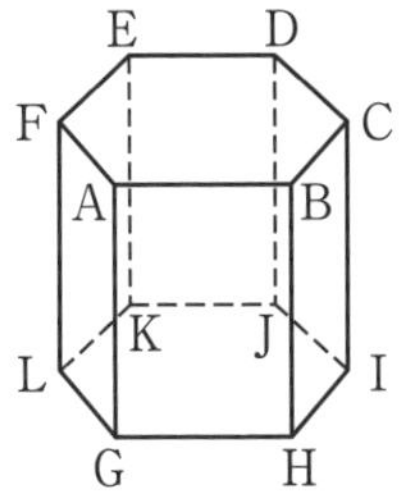

(1) 面の数は〔　　　　〕、辺の数は〔　　　　〕、頂点の数は〔　　　　〕です。

(2) 辺 AB と平行な辺は〔　　　　〕本、ねじれの位置にある辺は〔　　　　〕本あります。

(3) 面 AGHB と平行な面は面〔　　　　〕、垂直な面は面〔　　　　〕と面〔　　　　〕です。

2 **次の立体について、表面積と体積を求めなさい。**

(1) 正四角錐《せいしかくすい》

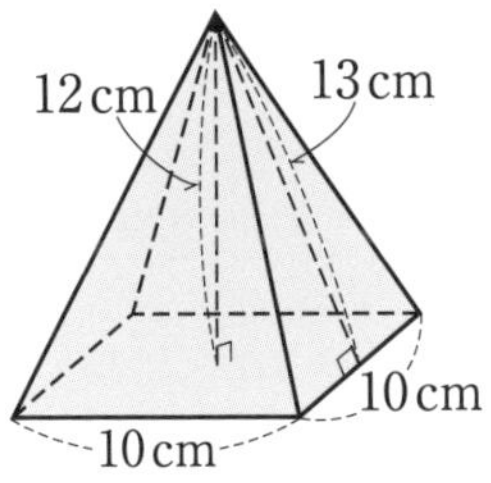

表面積〔　　　　〕
体積〔　　　　〕

(2) 半球

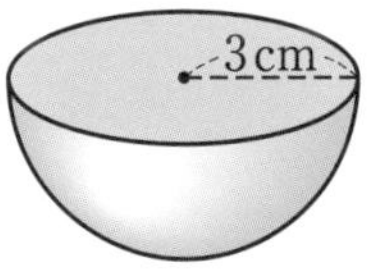

表面積〔　　　　〕
体積〔　　　　〕

3 **次の図を、直線 ℓ を軸《じく》にして 1 回転させてできる立体の表面積と体積を求めなさい。**

(1)

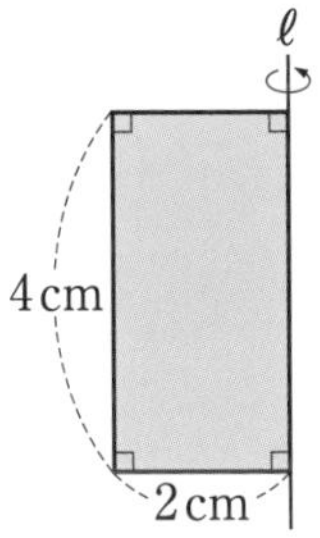

表面積〔　　　　〕
体積〔　　　　〕

(2)

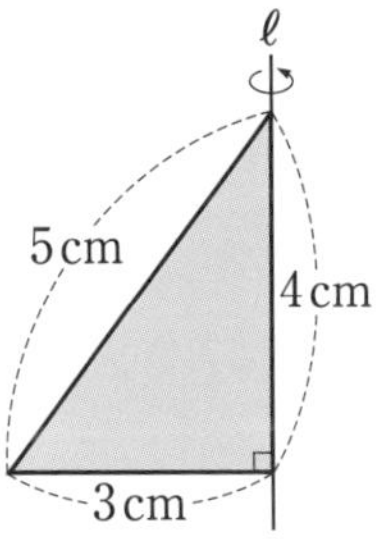

表面積〔　　　　〕
体積〔　　　　〕

得点アップ　**2**(2)　表面積を求めるときに球の切り口の円の面積をたし忘れないように気をつけよう。

9 図形の角と合同

月　　日

目標時間　10 分

時間　　分

解答→別冊 p.14

1 **次の図で、$\angle x$ の大きさを求めなさい。**

(1) $\ell /\!/ m$

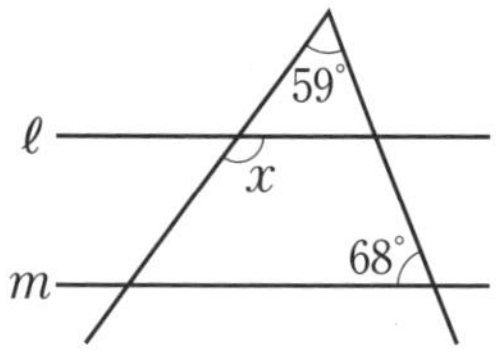

(2) $\ell /\!/ m$

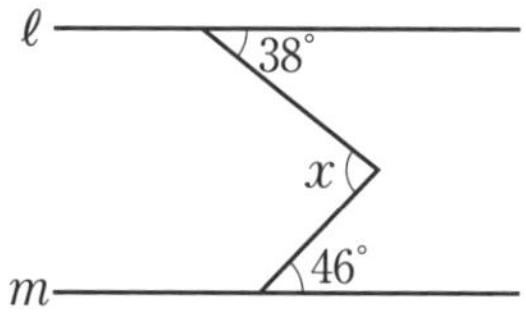

(3)

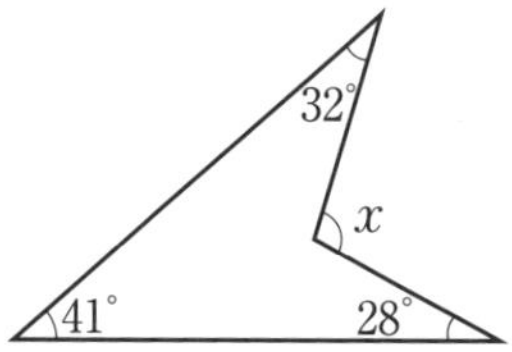

2 **次の問いに答えなさい。**

(1) 七角形の内角の和を求めなさい。

(2) 正九角形の 1 つの内角の大きさを求めなさい。

(3) 1 つの外角の大きさが 72° である正多角形があります。この正多角形の内角の和を求めなさい。

3 **右の図で、△ABC は正三角形です。辺 BC 上の点 D に対し、△ADE が正三角形になるように点 E をとり、CE を結びます。このとき、BD＝CE であることを証明しなさい。**

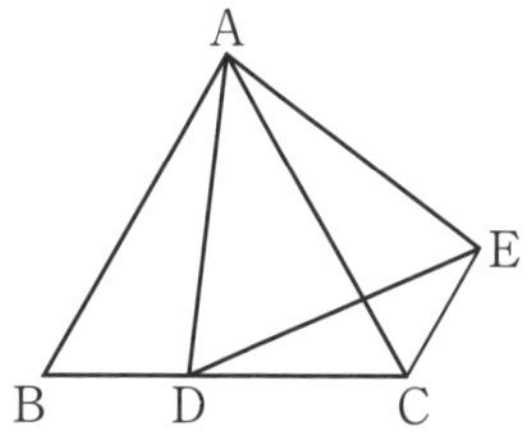

得点アップ　**2**(3)　正何角形かを求めるには、多角形の外角の和は 360° であることを利用する。

10 三角形と四角形

月　日

目標時間 10 分

時間　分

解答→別冊 p.15

1 次の図で、$\angle x$の大きさを求めなさい。ただし、同じ印をつけた線分は長さが等しいとします。

(1) $\ell \parallel m$　△ABC は正三角形

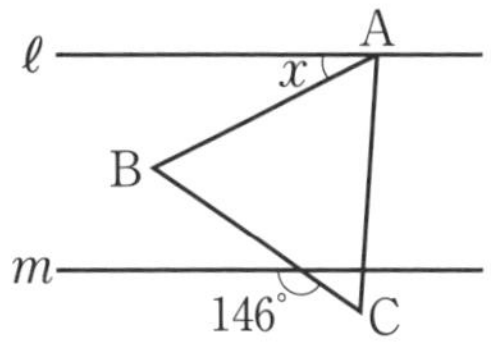

(2)

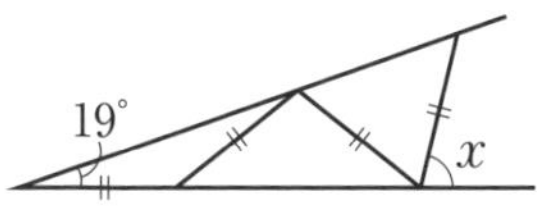

(3) 四角形 ABCD は平行四辺形

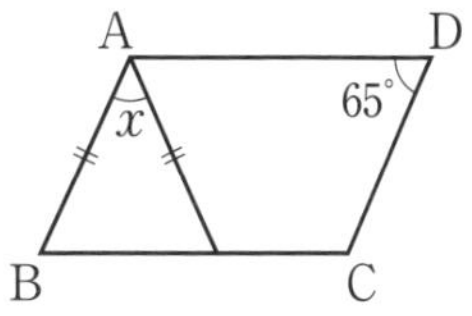

[　　　　] [　　　　] [　　　　]

2 右の平行四辺形 ABCD において、辺 BC 上に点 E、辺 CD 上に点 F を、線分 EF が対角線 BD と平行になるようにとる。このとき、△ABE と面積が等しい三角形を 3 つ答えなさい。

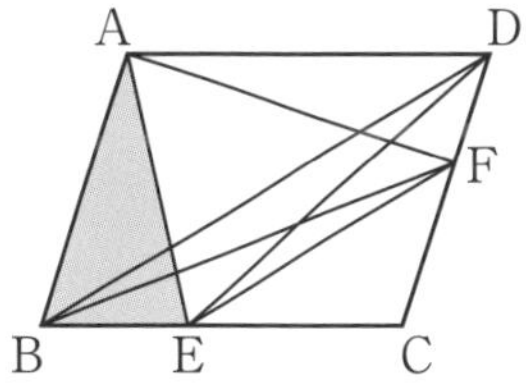

[　　　　]

3 右の図の長方形 ABCD において、対角線 BD に対し、点 A、C からそれぞれ垂線 AE、CF をひく。AF、CE を結ぶとき、四角形 AECF は平行四辺形であることを証明しなさい。

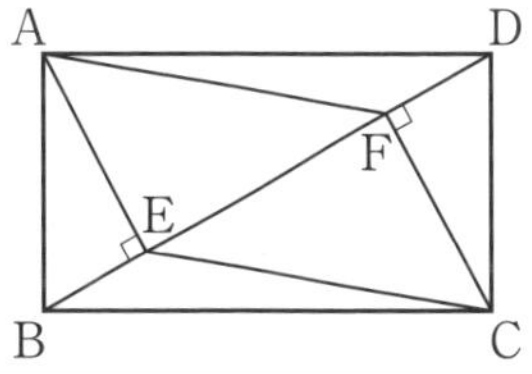

得点アップ **2** 底辺が共通で高さが等しい三角形は面積が等しい。平行線に注目して、高さが等しい三角形を探そう。

月　日

11 データの整理

目標時間 10 分

時間　分

解答→別冊 p.15

1 ある中学校のバレーボール部の女子 25 人のハンドボール投げの記録を度数分布表にまとめました。次の問いに答えなさい。

⑴ 表の空欄《くうらん》を埋めなさい。

⑵ 最頻値《さいひんち》と、中央値が入っている階級の階級値をそれぞれいいなさい。

階級 (m)	度数 (人)	相対度数	累積《るいせき》相対度数
以上　未満 8 ～ 10	2	0.08	0.08
10 ～ 12	3	[　]	[　]
12 ～ 14	7	0.28	[　]
14 ～ 16	[　]	[　]	0.72
16 ～ 18	[　]	0.2	[　]
18 ～ 20	2	[　]	1
計	25	1	

最頻値 [　　]

中央値が入っている階級の階級値 [　　]

2 次のデータは、ある 13 人の生徒が受けた 10 点満点の小テストの結果です。これについて、あとの問いに答えなさい。

8、5、7、4、10、9、6、8、8、7、10、5、8　(点)

⑴ 最頻値、最大値、最小値、範囲《はんい》を求めなさい。

最頻値 [　　]　**最大値** [　　]　**最小値** [　　]　**範囲** [　　]

⑵ 四分位数と四分位範囲を求めなさい。

第 1 四分位数 [　　]　**第 2 四分位数** [　　]　**第 3 四分位数** [　　]　**四分位範囲** [　　]

⑶ 箱ひげ図をかきなさい。

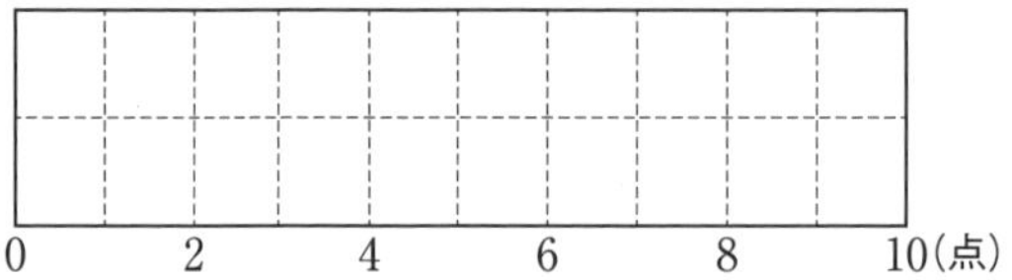

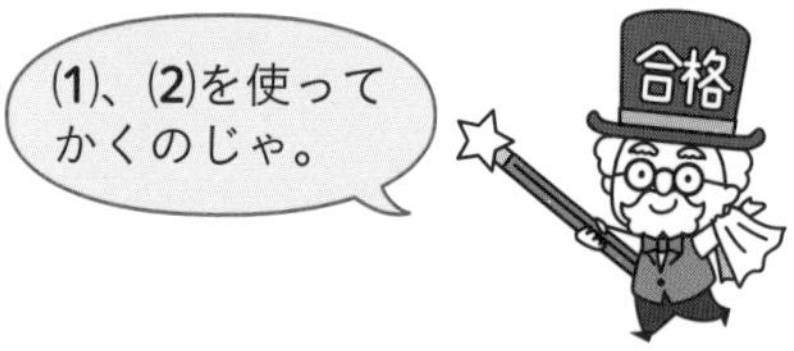

3 右の図は、20 人が参加したあるゲームの得点をヒストグラムにまとめたものです。このヒストグラムと同じデータを使ってかいた箱ひげ図として適当なものを右のア～ウから選びなさい。

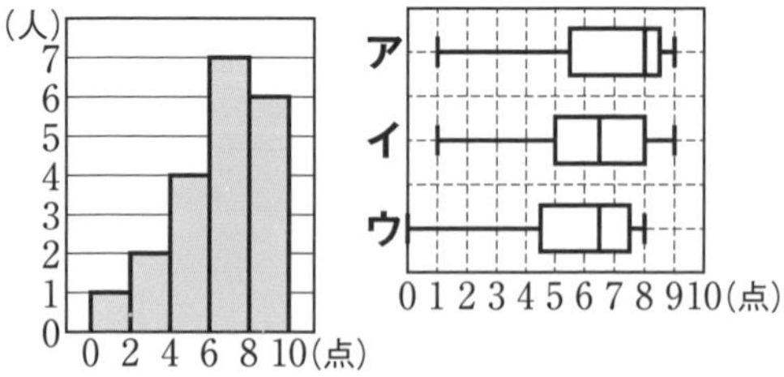

[　　]

得点アップ **3** 3 つの四分位数と最大値・最小値がすべて正しい範囲に入っているかを確認する。

12 確　率

解答→別冊 p.16

1 **大小 2 つのさいころを投げるとき、次の確率を求めなさい。**

(1) 出た目の数の和が 5 になる確率

[　　　　]

(2) 大きいほうのさいころの目の数を十の位、小さいほうのさいころの目の数を一の位としたとき、できた数が 7 の倍数になる確率

[　　　　]

2 **赤玉 4 個、白玉 2 個が入った袋《ふくろ》があります。この袋の中から同時に 2 個の玉を取り出すとき、次の確率を求めなさい。**

(1) 赤玉と白玉が 1 個ずつ出る確率

[　　　　]

(2) 少なくとも 1 個は赤玉が出る確率

[　　　　]

3 **[1]、[2]、[3]、[4]、[5] の数字が 1 つずつ書かれた 5 枚のカードが袋に入っています。このカードを使って A さんと B さんがゲームをするとき、次の問いに答えなさい。**

(1) まず A さんが袋からカードを 1 枚取り出し、カードを戻《もど》さずに B さんが袋からカードを 1 枚取り出すとします。カードの数字が大きいほうが勝ちとなるとき、A さんが勝つ確率と B さんが勝つ確率を求めなさい。

A さんが勝つ確率[　　　　]　**B さんが勝つ確率**[　　　　]

(2) まず A さんが袋からカードを 1 枚取り出し、カードを戻してから B さんが袋からカードを 1 枚取り出すとします。カードの数字が大きいほうが勝ち、同じ数字の場合は引き分けとなるとき、A さんが勝つ確率と B さんが勝つ確率を求めなさい。

A さんが勝つ確率[　　　　]　**B さんが勝つ確率**[　　　　]

得点アップ **2** 4 個の赤玉や 2 個の白玉は実際は区別がつかないとしても、数えるときは番号などで区別して数える。

月　日

中学1・2年の総復習テスト

時間 20 分

70点で合格！

点

解答→別冊 p.17

1 次の計算をしなさい。（6点×4）

(1) $-3-(-9)$ 〔兵庫〕

(2) $-6^2+4\div\left(-\frac{2}{3}\right)$ 〔京都〕

(3) $3(2a+b)-(a+5b)$ 〔和歌山〕

(4) $(-6a)^2\times 9b\div 12ab$ 〔静岡〕

2 次の問いに答えなさい。（9点×4）

(1) y は x に比例し、$x=10$ のとき、$y=-2$ です。このとき、$y=\frac{2}{3}$ となる x の値《あたい》を求めなさい。〔三重〕

(2) 連立方程式 $\begin{cases} 2x+5y=-2 \\ 3x-2y=16 \end{cases}$ を解きなさい。〔富山〕

(3) 右の図のように、底面の半径が 3 cm、母線の長さが 6 cm の円錐《えんすい》があります。この円錐の側面積は何 cm^2 か、求めなさい。ただし、円周率は π とします。〔兵庫〕

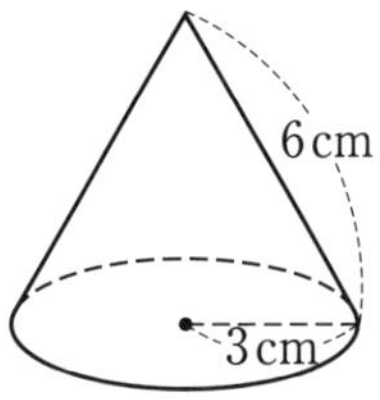

(4) 右の図のように、AB＝AC である二等辺三角形 ABC があります。また、頂点 A を通る直線 ℓ と、頂点 C を通る直線 m があり、ℓ と m は平行です。このとき、$\angle x$ の大きさを求めなさい。〔佐賀〕

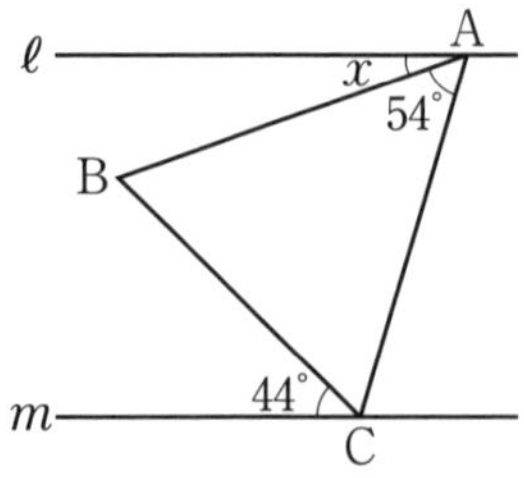

3 **あるクラスの 10 人の生徒 A ～ J が、ハンドボール投げを行いました。表は、その記録を表したものです。図 1 は、表の記録を箱ひげ図に表したものです。**
このとき、次の問いに答えなさい。〔静岡〕

〔表〕

生徒	A	B	C	D	E	F	G	H	I	J
距離（m）	16	23	7	29	34	12	25	10	26	32

(1) 図 1 の（　あ　）に適切な値を補《おぎな》いなさい。また、10 人の生徒 A ～ J の記録の四分位範囲《しぶんいはんい》を求めなさい。（5 点×2）

〔図 1〕

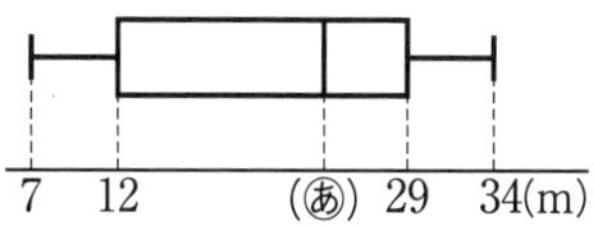

あの値[　　　　] **四分位範囲**[　　　　]

(2) 後日、生徒 K もハンドボール投げを行ったところ、K の記録は a m でした。図 2 は 11 人の生徒 A ～ K の記録を箱ひげ図に表したものです。このとき、a がとりうる値をすべて求めなさい。ただし、a は整数とします。（10 点）

〔図 2〕

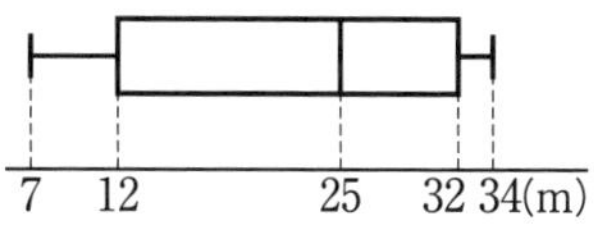

4 **右の図のように、y 軸上に点 A(0, 8) があり、関数 $y=\frac{2}{3}x+2$ のグラフ上に、$x>0$ の範囲で動く 2 点 B、C があります。点 C の x 座標は点 B の x 座標の 4 倍です。また、このグラフと x 軸《じく》との交点を D とします。次の問いに答えなさい。**（10 点×2）〔広島〕

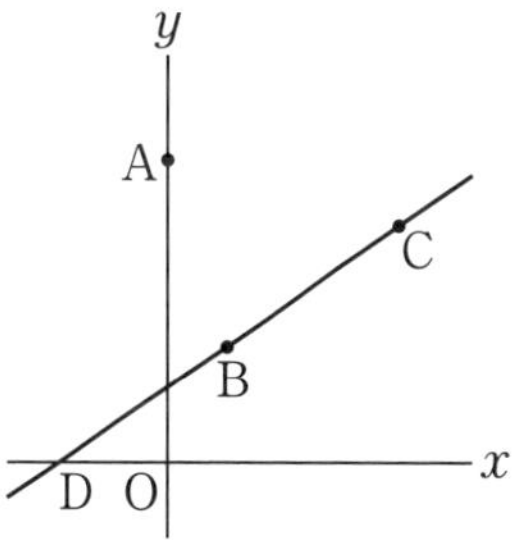

(1) 線分 AC が x 軸に平行となるとき、線分 AC の長さを求めなさい。

(2) DB＝BC となるとき、直線 AC の傾《かたむ》きを求めなさい。

理科 最重要ポイント

1 光・音・力、電流とその利用 物理

→ p.38～40

光・音・力

①光が平面で反射《はんしゃ》するとき、入射角＝反射角となる。

②光が空気中から水中へ斜《なな》めに入射するとき、光は屈折《くっせつ》し、**入射角＞屈折角**となる。水中から空気中へ入射するときは、**入射角＜屈折角**となる。

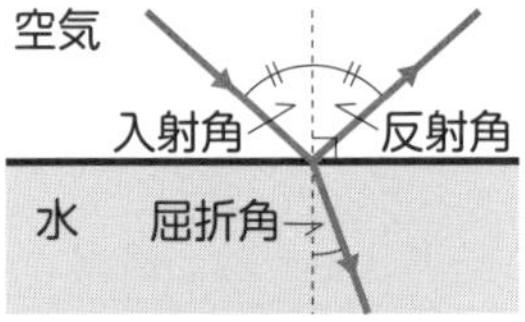

▲光の反射と屈折

③凸《とつ》レンズから焦点距離《しょうてんきょり》より遠い位置に物体を置くと、凸レンズの反対側に実像ができる。凸レンズと物体の距離が焦点距離の 2 倍のとき、**実像の大きさは物体の大きさと等しくなる。**

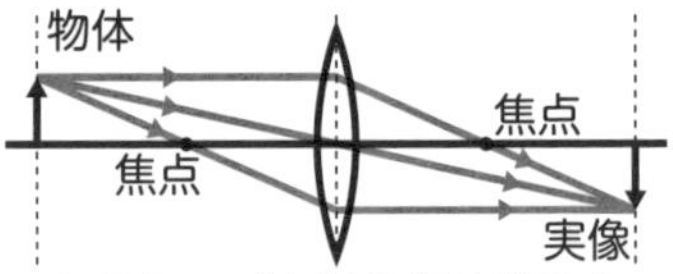

▲凸レンズを通る光の進み方

④弦《げん》を細く・短く・強く張ると、振動数《しんどうすう》が多くなり、音が高くなる。振幅《しんぷく》が大きくなると、音が大きくなる。

⑤**フックの法則**…ばねの伸《の》びは、ばねを引く力の大きさに比例する。

電流とその利用

①**オームの法則**　電圧〔V〕＝電気抵抗〔Ω〕×電流〔A〕

②**電力・電力量**　電力〔W〕＝電圧〔V〕×電流〔A〕

電力量〔J〕＝電力〔W〕×時間〔s〕

③電流と磁界の向きには、右ねじの関係がある。

④コイルの中の磁界が変化するとき、その変化にともない電圧が生じて電流が流れる現象を電磁誘導《ゆうどう》といい、この電流を誘導電流という。

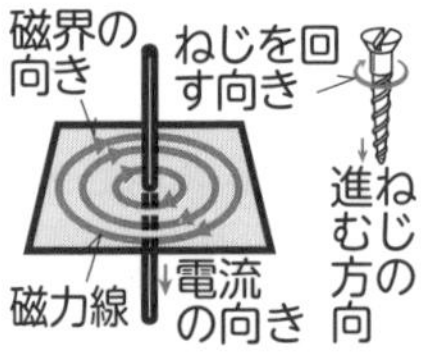

▲直線電流と磁界

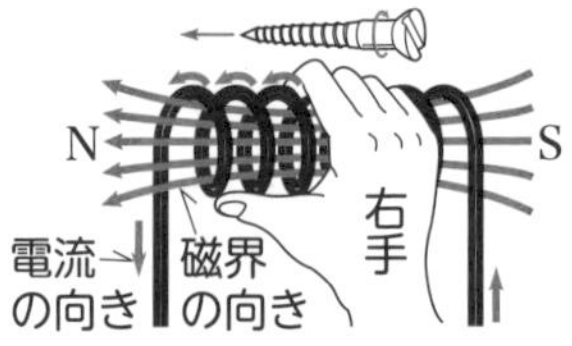

▲コイル電流と磁界

2 物質の性質、化学変化と原子・分子 化学

→ p.41～43

物質の性質

①**気体の性質**

・**酸素**…水上置換《ちかん》法で集める。ものを燃やすはたらきがある。

・**二酸化炭素**…水上置換法か下方置換法で集める。石灰水を白く濁《にご》らせる。

・**水素**…水上置換法で集める。火をつけると音を立てて燃える。

・**アンモニア**…上方置換法で集める。水に非常に溶《と》けやすく、水溶液《すいようえき》はアルカリ性を示す。刺激臭《しげきしゅう》がある。

②物質の密度〔g/cm³〕$=\dfrac{\text{物質の質量〔g〕}}{\text{物質の体積〔cm}^3\text{〕}}$

③質量パーセント濃度〔%〕$=\dfrac{\text{溶質の質量〔g〕}}{\text{溶液の質量〔g〕}}\times 100=\dfrac{\text{溶質の質量〔g〕}}{\text{溶媒の質量〔g〕}+\text{溶質の質量〔g〕}}\times 100$

化学変化と原子・分子

①**化学反応式**　$Fe + S \longrightarrow FeS$　　$2Cu + O_2 \longrightarrow 2CuO$

（鉄　硫黄　硫化鉄）　（銅　酸素　酸化銅）

②化学反応の前後で、全体の質量は変わらない。これを**質量保存の法則**という。

3　植物の体のつくり、ヒトの体のつくり　生物

p.44～46

植物の体のつくり

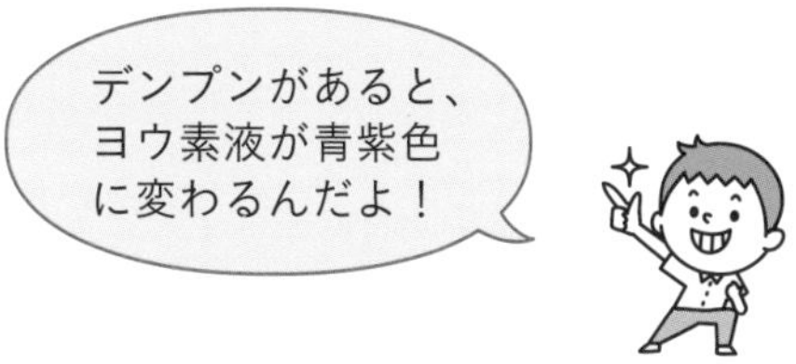

①植物が光を受けて水と二酸化炭素からデンプンと酸素をつくることを**光合成**という。

②水は道管を通る。水が、葉の表面にある気孔《きこう》から水蒸気として出ていくことを蒸散という。

ヒトの体のつくり

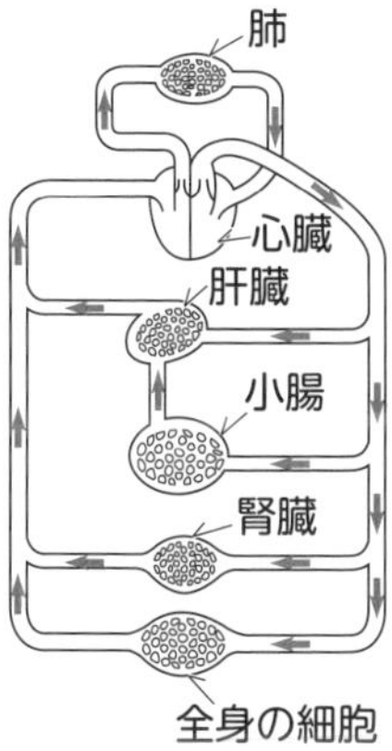

▲ヒトの体のつくり

①消化酵素《こうそ》のはたらきによって分解された栄養分は、小腸にある柔毛《じゅうもう》から吸収される。

②肺は、ろっ骨と横隔膜《おうかくまく》の動きで、息を吸ったり吐《は》いたりし、肺の中にある肺胞《はいほう》で酸素と二酸化炭素の交換《こうかん》が行われる。

③体内にできたアンモニアは肝臓《かんぞう》で無害な尿素《にょうそ》に変えられた後、腎臓《じんぞう》でほかの不要物と一緒《いっしょ》にこし取られ、体外に尿として排出《はいしゅつ》される。

④心臓から送り出される血液が流れる血管を動脈、心臓に戻《もど》る血液が流れる血管を静脈という。

4　大地の変化、天気の変化　地学

p.47～49

大地の変化

①地震のはじめの小さな揺《ゆ》れを初期微動《びどう》といいその波を**P波**、その後の大きな揺れを主要動といいその波を**S波**という。2つの波の届く時間の差を初期微動継続《けいぞく》時間という。

②れき・砂・泥《どろ》などの堆積《たいせき》物が固まった岩石を堆積岩という。生物の死がいなどが堆積した岩石を**石灰岩**や**チャート**といい、石灰岩にうすい塩酸をかけると二酸化炭素が発生する。

③マグマが冷え固まってできた岩石を火成岩といい、マグマが地表や地表付近で急に冷え固まった火山岩と、地下深くでゆっくり冷え固まった深成岩に分けられる。火山岩のつくりを斑状《はんじょう》組織、深成岩のつくりを等粒状《とうりゅうじょう》組織という。

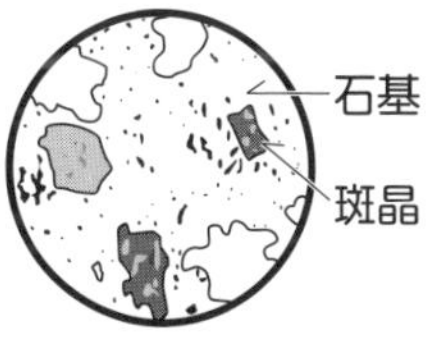

▲斑状組織

▲等粒状組織

天気の変化

①$\text{湿度[\%]} = \dfrac{\text{空気 } 1\,m^3 \text{ 中に含まれる水蒸気量}[g/m^3]}{\text{その温度での飽和水蒸気量}[g/m^3]} \times 100$

②前線には、暖気が寒気の上にはい上がりながら進む温暖前線、寒気が暖気を押《お》し上げながら進む寒冷前線などがある。

1 光・音・力のつり合い

解答→別冊 p.19

1 次の問いに答えなさい。

(1) 図1のA～Cの光はそれぞれどのように進みますか。**ア**～**エ**から1つずつ選びなさい。

〔図1〕

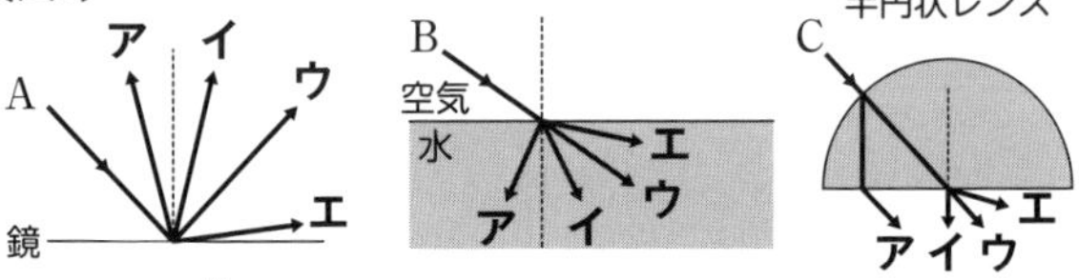

A［　　］ B［　　］ C［　　］

(2) 図2で物体と同じ大きさの像ができるものを、**ア**～**エ**から1つ選びなさい。［　　］

(3) 図2で実像ができないものを、**ア**～**エ**から1つ選びなさい。［　　］

〔図2〕

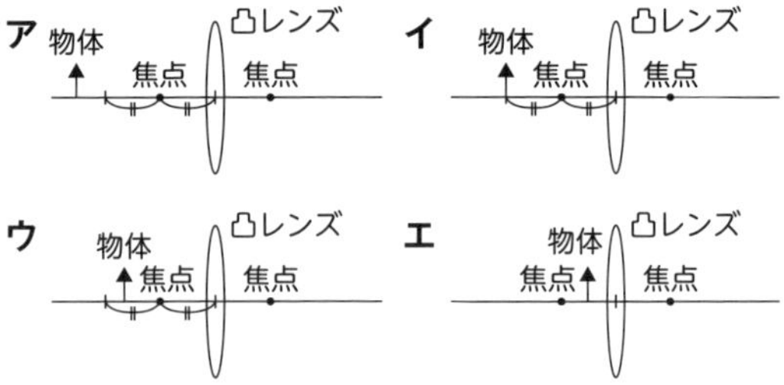

2 次の問いに答えなさい。

(1) 右図のような装置で、弦《げん》の太さ、長さ、おもりの重さを右下の表のように変えて、弦を同じ強さではじきました。最も高い音が出るものを表の**ア**～**オ**から1つ選びなさい。［　　］

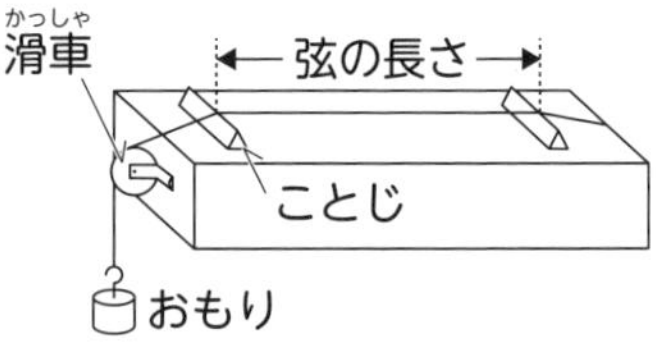

(2) 音の高さが弦の太さによってどう違《ちが》うかを調べるには、表の**ア**～**オ**のどれとどれを比べればよいですか。［　　と　　］

	弦の直径〔mm〕	弦の長さ〔cm〕	おもりの重さ〔g〕
ア	0.1	10	500
イ	0.2	10	250
ウ	0.2	10	500
エ	0.1	20	250
オ	0.2	20	500

(3) 花火が光ってから、音が聞こえるまで5秒かかりました。音速が340 m/sのとき、花火までの距離《きょり》は何mですか。［　　］

3 次の文章の□に入る適切な言葉を書きなさい。

物体におよぼす力のはたらきとしては、「物体を変形させる」「物体の動き（速さや向き）を[①]」「物体を[②]」の3つがある。地球上では常に物体に下向きの力がはたらいており、これを[③]という。

また、ばねの伸《の》びはばねを引く力に比例し、これを[④]の法則という。

①［　　］ ②［　　］ ③［　　］ ④［　　］

得点アップ　物体と凸《とつ》レンズの間に凸レンズの焦点《しょうてん》があるとき、実像ができる。

2 電流と電圧

解答→別冊 p.19

1 **図1の回路において、電熱線に流れる電流と加わる電圧を測定しました。次の問いに答えなさい。**

〔図1〕

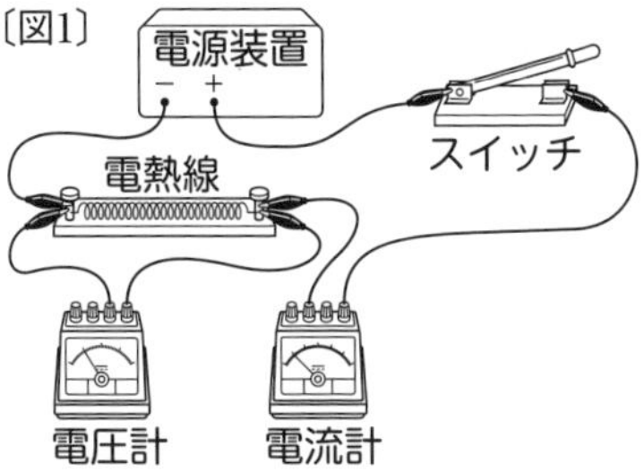

(1) 電流計の 500 mA の端子《たんし》を−端子に用いると、図2の値を示しました。電熱線に流れる電流の大きさは何 mA ですか。［　　］

(2) 電圧計の 3 V の端子を−端子に用いると、図3の値を示しました。電熱線に加わる電圧の大きさは何 V ですか。［　　］

(3) 電熱線の電気抵抗《ていこう》は何 Ω ですか。［　　］

〔図2〕

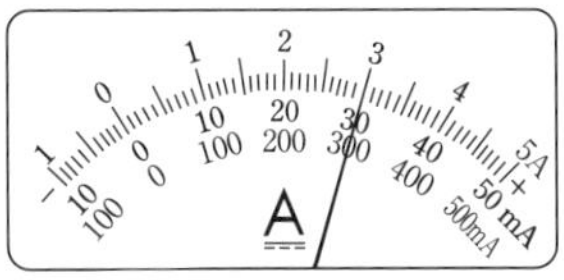

〔図3〕

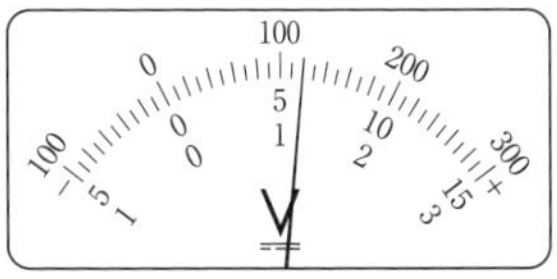

2 **図1は、電熱線 A、B について、加える電圧と流れる電流の関係を調べてグラフに表したものです。次の問いに答えなさい。**

〔図1〕

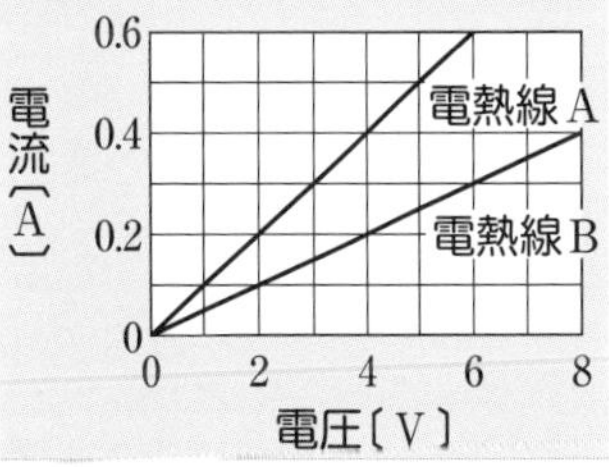

(1) 電熱線に流れる電流の大きさは、電圧の大きさとどのような関係がありますか。［　　］

(2) 電熱線 A に 4.0 V の電圧を加えたとき、流れる電流は何 A ですか。［　　］

(3) 電熱線 A の電気抵抗は何 Ω ですか。［　　］

(4) 図2のような回路に電熱線 A、B をつなぎスイッチを入れたとき、電流計は 0.8 A を示しました。電圧計は何 V を示しますか。［　　］

〔図2〕

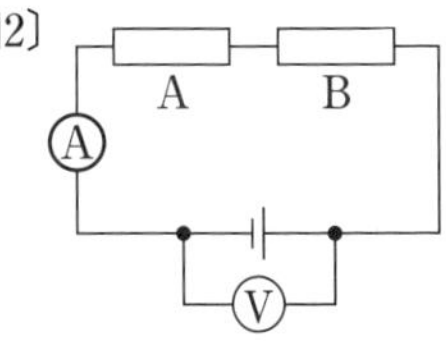

3 **右図のような器具を用いて高電圧を加えると、蛍光板《けいこうばん》に直進する光の筋が見られました。次の問いに答えなさい。**

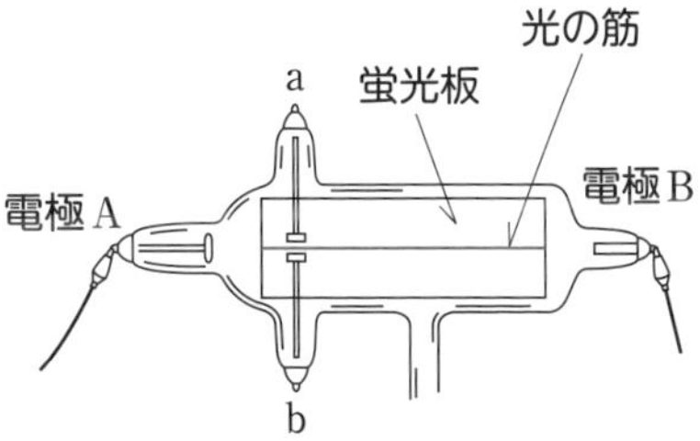

(1) 電極 A を飛び出して蛍光板を明るく光らせる筋を何といいますか。［　　］

(2) 図の a 極に−、b 極に＋の電圧を加えると光の筋はどのようになりますか。次の**ア**～**ウ**から1つ選びなさい。［　　］

ア　a のほうに曲がる。　**イ**　b のほうに曲がる。　**ウ**　変わらない。

得点アップ　2つの電熱線の直列つなぎでは、全体の電圧は2つの電圧の和になる。

月	日

3 電流のはたらき、磁界

目標時間 10 分

時間 分

解答→別冊 p.20

1 **右図のような装置をつくり、ポリエチレンのビーカーに水 80 g を入れ、3.0 Ω の電熱線に 6.0 V の電圧を 2 分 20 秒間加えました。次の問いに答えなさい。**

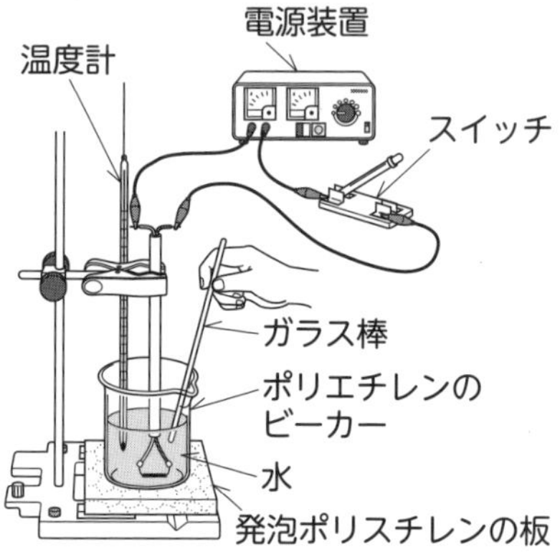

(1) この電熱線で消費される電力は何 W ですか。 [ ]

(2) この電熱線が 2 分 20 秒間に発熱する発熱量は何 J ですか。 [ ]

(3) 電熱線に 6.0 V の電圧を加えてから 2 分 20 秒後の水温は 5.0 ℃ 上昇《じょうしょう》していました。電熱線に 12 V の電圧を 2 分 20 秒間加えると、水温は何 ℃ 上昇しますか。 [ ]

2 **右図のように装置を組み立て、コイルに電流を流すと、コイルが矢印のアの方向に動きました。次の問いに答えなさい。**

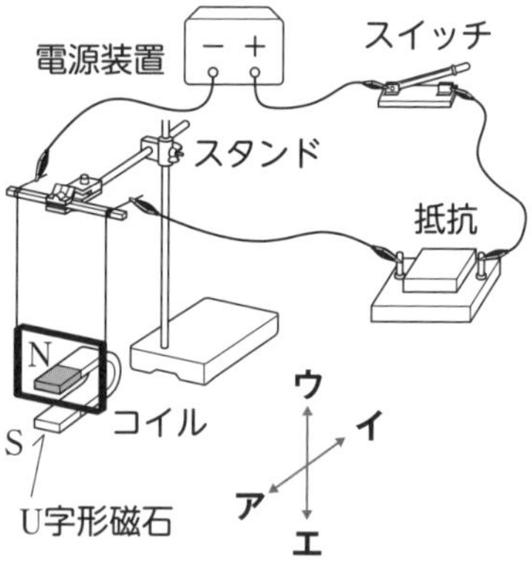

(1) 磁石による磁界の向きは図の矢印の**ウ**、**エ**のどちらですか。 [ ]

(2) 電源の電圧を小さくすると、コイルの動く向きは、図の矢印の**ア**、**イ**のどちらになりますか。 [ ]

(3) 電流の向きを逆にすると、コイルの動く向きは図の矢印の**ア**、**イ**のどちらになりますか。 [ ]

(4) コイルの動きを大きくする方法を、次の**ア**～**ウ**から 1 つ選びなさい。 [ ]

ア 磁力の強い磁石を使う。　**イ** 電流を小さくする。　**ウ** 抵抗《ていこう》を大きくする。

3 **右図のように棒磁石の N 極を矢印の方向に動かすと、検流計の針が＋側に振《ふ》れました。次の問いに答えなさい。**

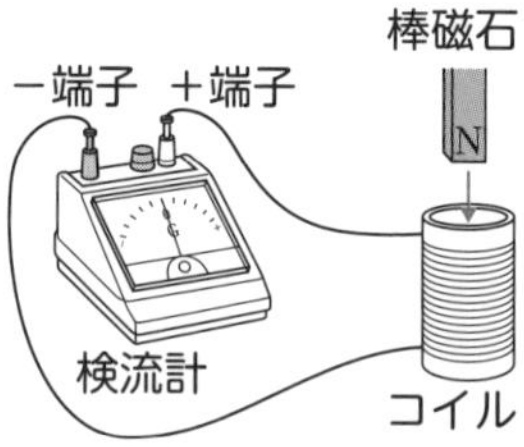

(1) このとき流れた電流を、何といいますか。 [ ]

記述 (2) コイルの巻数を増やして、棒磁石の N 極を図の矢印とは反対の方向に同じ速さで動かすと、検流計の針の振れ方は(1)のときと比べてどのように変わるか、簡単に答えなさい。

[ ]

得点アップ　電流や磁界の向きを逆にすると、電流が磁界から受ける力は逆向きになる。

4 物質のすがた、水溶液

目標時間 10 分

時間　分

解答→別冊 p.20

1 **右の表は、いろいろな物質の 1 cm³ あたりの質量を示したものです。次の問いに答えなさい。**

物　質	1 cm³ あたりの質量〔g〕
鉄	7.9
銅	9.0
水　銀	13.5
アルミニウム	2.7
エタノール	0.8
水	1.0

(1) 物質の 1 cm³ あたりの質量を何といいますか。〔　　　〕

(2) 30 cm³ の銅の質量は何 g ですか。〔　　　〕

(3) 表の物質を 30 cm³ で比べたとき、最も質量の小さい物質はどれですか。〔　　　〕

(4) 表の物質を同じ質量で比べたとき、体積がいちばん小さい物質は何ですか。〔　　　〕

(5) 250 cm³ で 675 g の物質は、表のどれですか。〔　　　〕

2 **次の問いに答えなさい。ただし、値が割り切れないときは、小数第 2 位を四捨五入して小数第 1 位まで求めなさい。**

(1) 100 g の水に砂糖が 25 g 溶《と》けているとき、この水溶液《すいようえき》の質量パーセント濃度《のうど》は何 % ですか。〔　　　〕

(2) 質量パーセント濃度 25 % の砂糖水 200 g の溶媒《ようばい》の質量は何 g ですか。〔　　　〕

(3) 質量パーセント濃度 30 % の砂糖水 400 g に 80 g の水を加えたときの水溶液の質量パーセント濃度は何 % ですか。〔　　　〕

3 **右のグラフは塩化ナトリウム、硝酸《しょうさん》カリウム、ホウ酸の溶解度曲線です。次の問いに答えなさい。**

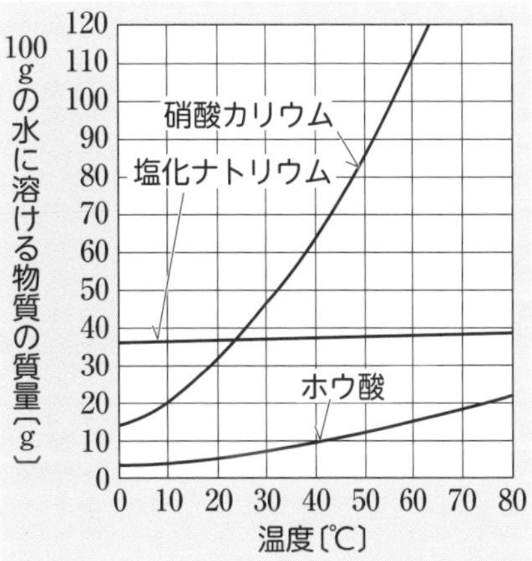

(1) 右のグラフの物質を、40 ℃ で 100 g の水に多く溶《と》ける順に並べなさい。〔　　　〕

(2) 水 100 g に硝酸カリウム 110 g をすべて溶かすには、水の温度を約何 ℃ にすればよいですか。次の**ア**～**ウ**から 1 つ選びなさい。〔　　　〕

ア　40 ℃　　**イ**　50 ℃　　**ウ**　60 ℃

(3) (2)の硝酸カリウムの飽和《ほうわ》水溶液 210 g を 20 ℃ まで下げると、約何 g の結晶《けっしょう》が出てきますか。次の**ア**～**エ**から 1 つ選びなさい。〔　　　〕

ア　58 g　　**イ**　68 g　　**ウ**　78 g　　**エ**　88 g

(4) (3)のような方法で結晶を取り出すことを、何といいますか。〔　　　〕

得点アップ　$\text{質量パーセント濃度〔\%〕} = \dfrac{\text{溶質の質量〔g〕}}{\text{溶液の質量〔g〕}} \times 100 = \dfrac{\text{溶質の質量〔g〕}}{\text{溶媒の質量〔g〕} + \text{溶質の質量〔g〕}} \times 100$

5 気体、物質の状態変化

目標時間　10 分

時間　　分

解答→別冊 p.21

1　**下の表は、気体の性質についてまとめたものです。あとの問いに答えなさい。**

気体名	A	B	C	D
色／におい	無色／刺激臭《しげきしゅう》	無色／無臭	無色／無臭	無色／無臭
空気と比べた重さ	軽い	少し重い	重い	非常に軽い
水への溶《と》けやすさ	非常に溶けやすい	溶けにくい	少し溶ける	溶けにくい
集め方	E	F	下方置換《ちかん》法 水上置換法	G

(1) 表のA～Gにあてはまるものを、次の**ア～ケ**からそれぞれ1つずつ選びなさい。ただし、同じ記号を何回選んでもよいこととします。

ア　二酸化炭素　**イ**　酸素　**ウ**　水素　**エ**　塩素　**オ**　アンモニア

カ　窒素《ちっそ》　**キ**　水上置換法　**ク**　上方置換法　**ケ**　下方置換法

A［　　］ B［　　］ C［　　］ D［　　］

E［　　］ F［　　］ G［　　］

(2) 石灰石にうすい塩酸を加えたときに発生する気体を、A～Dから1つ選びなさい。［　　］

(3) ものを燃やすはたらきのある気体を、A～Dから1つ選びなさい。［　　］

(4) 火を近づけると音を立てて燃える気体を、A～Dから1つ選びなさい。［　　］

2　**水とエタノールの混合物を図1のようにして加熱し、5分ごとに出てきた液体を 2 cm^3 ずつ3本の試験管に集めました。次の問いに答えなさい。**

〔図1〕

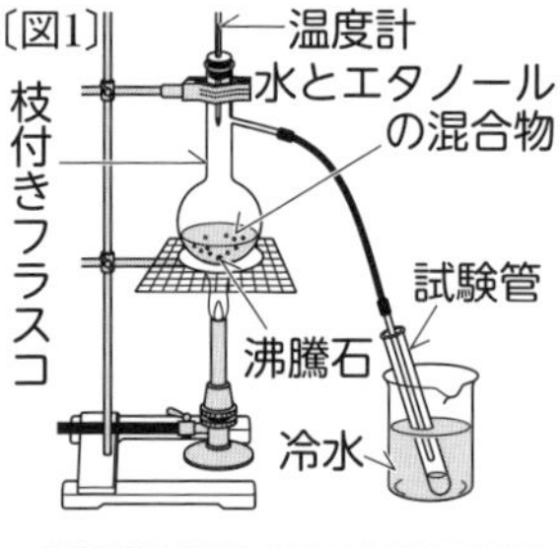

記述 (1) 沸騰《ふっとう》石を枝付きフラスコに入れる理由を簡潔に書きなさい。

［　　　　　　　　］

(2) 加熱してから5分後の混合物の温度は約78℃でした。加熱してから5分後に、図1の試験管に集まる液体として正しいものを、次の**ア～ウ**から1つ選びなさい。［　　］

ア　エタノールより水が多い。

イ　水よりエタノールが多い。

ウ　エタノールのみ。

〔図2〕

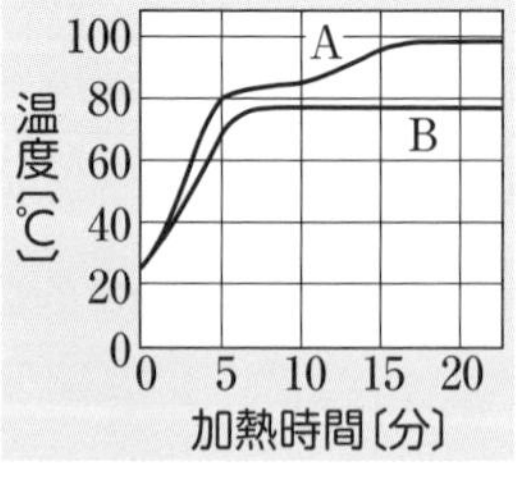

(3) 水とエタノールの混合物を加熱したときのグラフとして正しいものを、図2のA、Bから選びなさい。［　　］

得点アップ　水とエタノールの混合物を加熱すると、水よりも沸点の低いエタノールから蒸発する。

6 原子・分子、化学変化と質量

解答→別冊 p.21

1 **右図のように、うすい塩酸と炭酸水素ナトリウムを容器に入れて、密閉したまま、うすい塩酸と炭酸水素ナトリウムの反応前と反応後の、容器全体の質量をはかりました。次の問いに答えなさい。**

(1) うすい塩酸と炭酸水素ナトリウムを反応させるとき、発生する気体を化学式で書きなさい。 [　　　]

(2) うすい塩酸と炭酸水素ナトリウムの反応前後で、容器全体の質量は変わりませんでした。この理由を説明した次の文の□に、「変わる」「変わらない」のうち、あてはまる言葉を書きなさい。 ①[　　　] ②[　　　]

> 化学変化の前後で、物質をつくる原子の組み合わせは ① が、原子の種類と数は ② から。

(3) うすい塩酸と炭酸水素ナトリウムを反応させた後、容器のふたを開けて、しばらくしてからふたを閉めて容器全体の質量をはかりました。このときの質量は、反応前の質量と比べてどうなりますか。次の**ア**～**ウ**から1つ選びなさい。 [　　　]

ア　大きくなる。　**イ**　小さくなる。　**ウ**　変わらない。

2 **さまざまな質量の銅の粉末を空気中で十分に加熱し、加熱後の酸化物の質量をはかりました。次に、マグネシウムの粉末でも同様の実験を行いました。右のグラフは、加熱前の金属の質量と、その金属に結びついた酸素の質量の関係を表したものです。次の問いに答えなさい。**

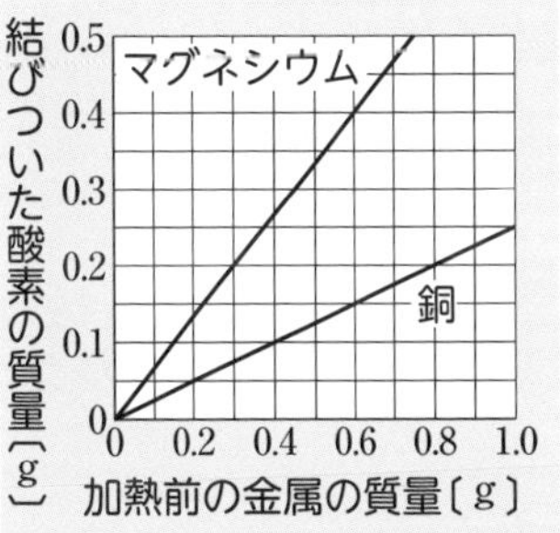

(1) 銅が加熱されて酸化銅ができる化学変化を、化学反応式で書きなさい。 [　　　]

(2) マグネシウムが加熱されて酸化マグネシウムができる化学変化を、化学反応式で書きなさい。 [　　　]

(3) 7.5 g の酸化銅ができたとき、加熱前の銅の粉末は何 g ですか。 [　　　]

(4) グラフより、マグネシウムと酸素が反応するときの質量比はいくらになりますか。 [　　　]

(5) マグネシウムの粉末 3.6 g を少しだけ加熱したところ、酸化マグネシウムが 5.0 g できました。反応せずに残っているマグネシウムの粉末は何 g ですか。 [　　　]

(6) 同じ質量の酸素と反応する銅とマグネシウムの質量比を答えなさい。 [　　　]

得点アップ　化学変化の前後で、その反応に関係している物質全体の質量は変わらない。

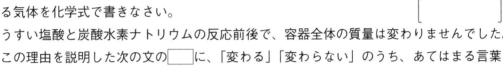

7 生物のつくりと分類

月　日

目標時間 10 分

時間　分

解答→別冊 p.22

1 **図1はアブラナの花のつくり、図2はマツの花のつくりを模式的に表したものです。次の問いに答えなさい。**

〔図1〕

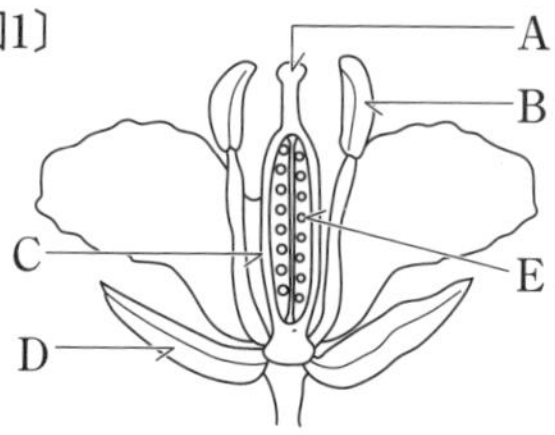

(1) アブラナの柱頭を図1のA～Eから1つ選びなさい。　［　　］

(2) 図1のEと同じはたらきのものを、図2のO～Rから1つ選びなさい。　［　　］

〔図2〕

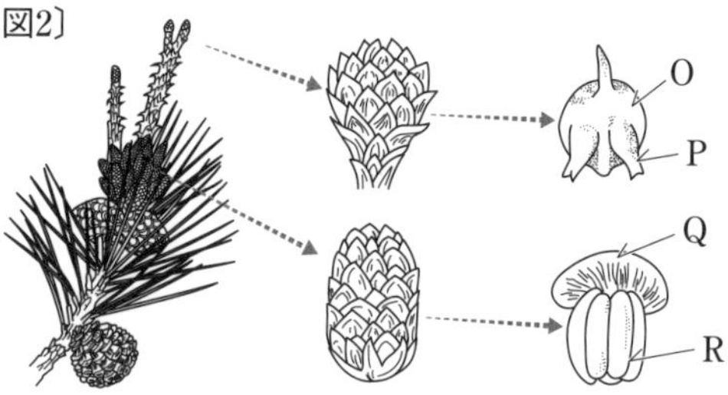

(3) 図1で花粉が入っている部分をA～Eから1つ選び、その名称《めいしょう》を答えなさい。

記号［　　］　**名称**［　　］

(4) 図2で花粉が入っている部分をO～Rから1つ選び、その名称を答えなさい。

記号［　　］　**名称**［　　］

2 **右図は植物の分類を表したものです。次の問いに答えなさい。**

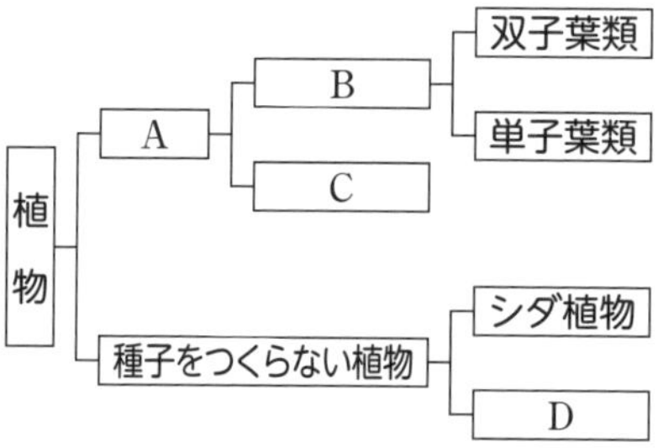

(1) 図のA～Dにあてはまる分類名を答えなさい。

A［　　］　B［　　］

C［　　］　D［　　］

記述

(2) Cの植物と比べたときの、Bの植物の特徴を簡単に説明しなさい。

［　　］

(3) シダ植物やDの植物は、何によってなかまをふやしますか。　［　　］

3 **右図はいろいろな動物を、A～Eの線を基準にグループ分けしたものです。次の問いに答えなさい。**

a	b	c	d	e	f
タコ イカ	フナ タイ	カエル イモリ	カメ ヤモリ	スズメ ワシ	クマ ウサギ

（境界線：a と b の間が A、b と c の間が B、c と d の間が C、d と e の間が D、e と f の間が E）

(1) 脊椎《せきつい》動物と無脊椎動物を分ける境界線をA～Eから1つ選びなさい。　［　　］

(2) 卵生《らんせい》の動物と胎生《たいせい》の動物の境界線をA～Eから1つ選びなさい。　［　　］

(3) b～fのグループは、それぞれ何類といいますか。

b［　　］　c［　　］　d［　　］

e［　　］　f［　　］

得点アップ　無脊椎動物とは背骨をもたない動物のことで、節足動物や軟体《なんたい》動物などが分類される。

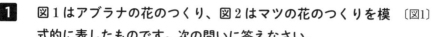

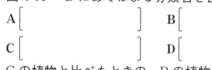

月　　日

目標時間　10　分

時間　　　分

解答→別冊 p.22

8 植物と光合成、感覚器官

1 **アサガオの葉を用いて、次の実験を行いました。あとの問いに答えなさい。**

〔実験〕①右図のようにふ入りのアサガオの葉の一部をアルミ[redacted]ニウムはくで覆《おお》い、暗所に一晩置く。

[redacted]光を当てた後、熱い湯につける。

[redacted]つけ、水で洗

[redacted]として正しいも

[redacted]色を抜くため。

[redacted]場合は何色に変化しますか。

[redacted]ものをすべて選びなさい。

[redacted]のは何か、次の**ア**～**オ**からすべて選びなさい。

[redacted]素　**エ**　葉緑体　**オ**　水

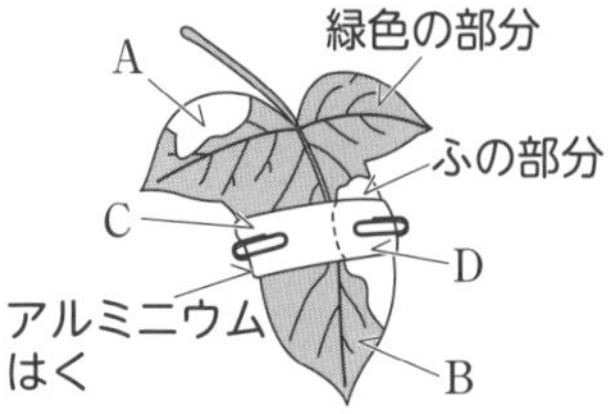

A：ふの部分
B：緑色の部分
C：アルミニウムはくで覆った緑色の部分
D：アルミニウムはくで覆ったふの部分

[redacted]くり[redacted]に答[redacted]説明し[redacted]から1[redacted]神経に伝える。

〔図1〕

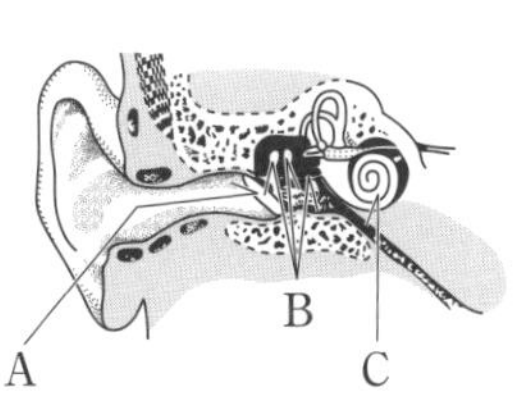

〔図2〕

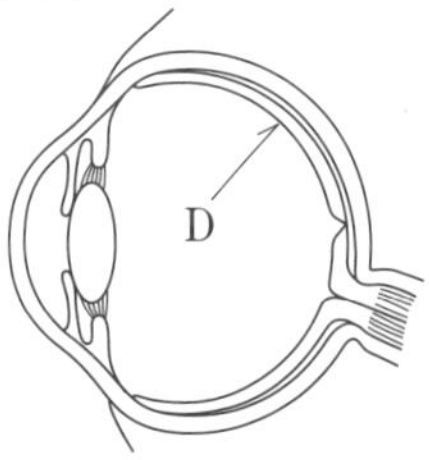

② 空気の振動をとらえて振動する。

(2) 図1のCの名称《めいしょう》を書きなさい。

(3) 図2のDは、光が像を結ぶ部分です。Dの名称を書きなさい。

(4) 急に暗い場所から明るい場所に移動したときの瞳《ひとみ》の大きさの変化について、最も適当なものを次の**ア**～**ウ**から1つ選びなさい。

ア　大きくなる。　**イ**　小さくなる。　**ウ**　変わらない。

得点アップ　葉で光合成が行われるとデンプンができる。

社会 数学 理科 英語 国語

9 消化と吸収、呼吸と血液の循環

解答→別冊 p.23

1 **図1はヒトの消化器官を模式的に表したもので、図2は図1のGの一部を拡大したものです。次の問いに答えなさい。**

〔図1〕

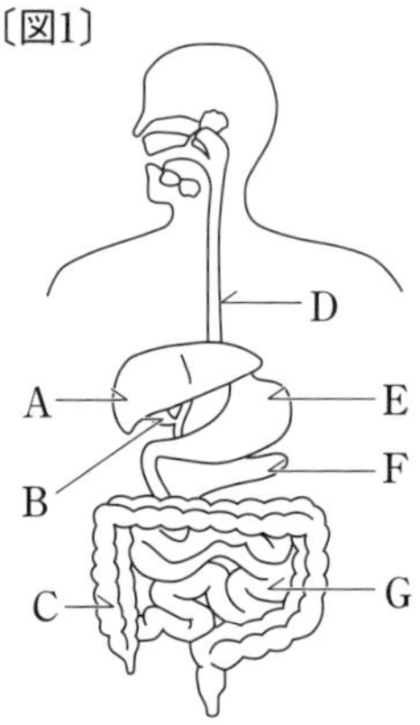

〔図2〕

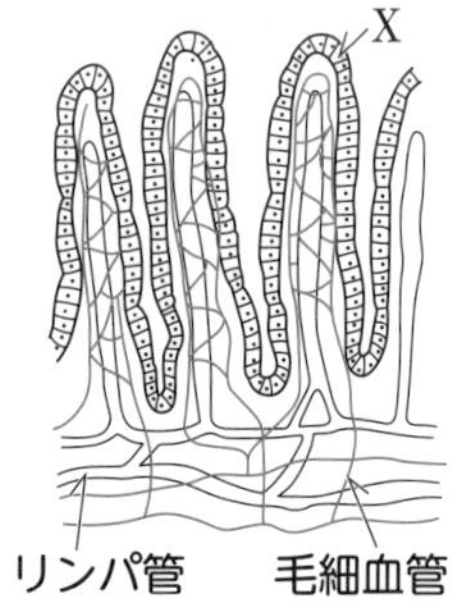

(1) 図1のD、Eの器官名を、それぞれ答えなさい。
D［　　　］
E［　　　］

(2) 胆汁《たんじゅう》をつくる器官と、それをためる器官を図1のA～Gからそれぞれ1つ選びなさい。
つくる器官［　　　］
ためる器官［　　　］

(3) 図2のXは図1のGの内側の壁にあるひだの表面に多数見られるものです。Xの名称《めいしょう》を書きなさい。［　　　］

記述 (4) 養分の吸収において、図2のXが多数ある利点を簡単に答えなさい。
［　　　］

2 **右図は、ヒトの体を正面から見たときの、血液の循環《じゅんかん》のようすを模式的に表したものです。A～Dは心臓の部屋を表し、a～dは血管を表しています。次の問いに答えなさい。**

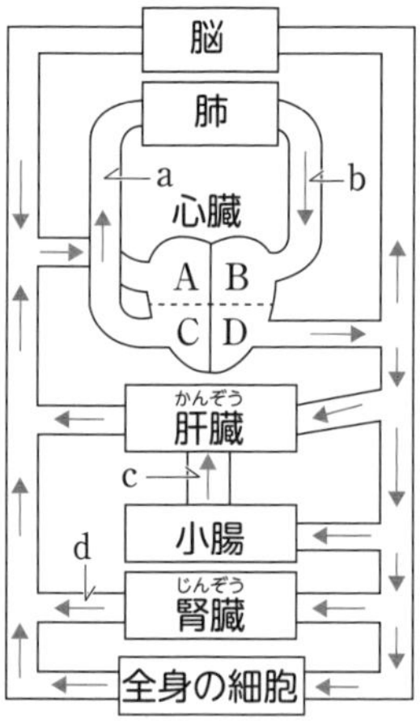

(1) 肺の説明として最も適当な文を、次の**ア**～**ウ**から1つ選びなさい。［　　　］
ア　肺には筋肉があり、膨《ふく》らんだり縮んだりする。
イ　肺には小さな袋《ふくろ》である肺胞《はいほう》が集まっている。
ウ　肺では主に二酸化炭素を血管内に取り入れる。

(2) Dの部屋の名称を書きなさい。［　　　］

(3) 次の①～④について、最も適当なものを図のa～dからそれぞれ1つ選びなさい。ただし、同じ記号を何度選んでもよいこととします。
① 酸素が最も多く含《ふく》まれている血液が流れる血管。［　　　］
② 酸素が最も少ない血液が流れる血管。［　　　］
③ 食後、栄養分が最も多く含まれる血液が流れる血管。［　　　］
④ 動脈血が流れている静脈。［　　　］

(4) 血液中の尿素《にょうそ》などの不要物をこし取る器官の名称を答えなさい。［　　　］

得点アップ　ヒトの心臓は、右心房《うしんぼう》・右心室・左心房・左心室の4つの部屋に分かれている。

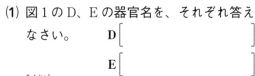

10 火山と地震

解答→別冊 p.23

1 **右図は火山の形を模式的に表したものです。次の問いに答えなさい。**

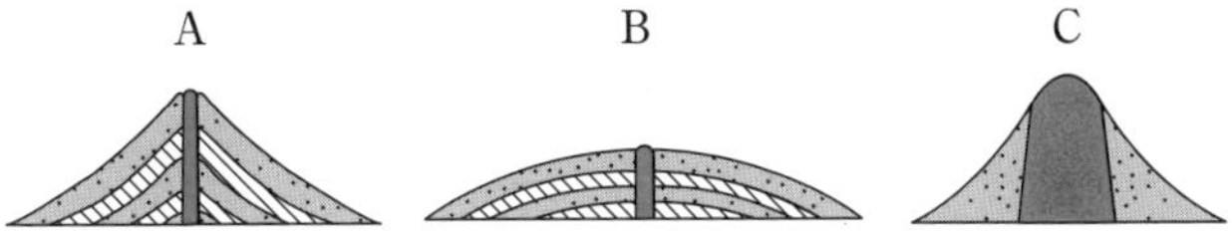

(1) 図のＢの火山は、どのような粘《ねば》り気のマグマによってできたか、次の**ア**～**ウ**から１つ選びなさい。［　　］

ア　粘り気の強いマグマ　**イ**　粘り気の弱いマグマ　**ウ**　粘り気が中間のマグマ

(2) 図のＡ～Ｃのうち、最も激しい噴火《ふんか》になりやすい火山はどれですか。［　　］

(3) 図のＣにあてはまる火山を、次の**ア**～**エ**から１つ選びなさい。［　　］

ア　マウナロア　**イ**　富士山　**ウ**　昭和新山　**エ**　桜島

2 **図１と図２は、２種類の火成岩のつくりをスケッチしたものです。次の問いに答えなさい。**

〔図1〕

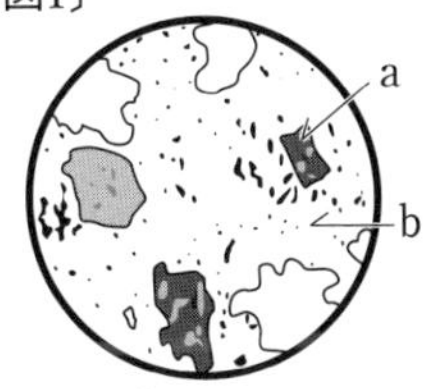

〔図2〕

(1) 図１はマグマが地表付近で急激に冷えて固まったものです。このような火成岩を何といいますか。［　　］

(2) 図１のａ、ｂの名称《めいしょう》をそれぞれ答えなさい。　**a**［　　］　**b**［　　］

(3) 図２のような岩石のつくりを何といいますか。［　　］

(4) 図２のようなつくりの岩石を、次の**ア**～**オ**からすべて選びなさい。［　　］

ア　石灰岩　**イ**　玄武《げんぶ》岩　**ウ**　花こう岩　**エ**　安山岩　**オ**　斑《はん》れい岩

3 **右図はある地震《じしん》の地震計の記録で、表はＭ市とＮ市における地震波の到着《とうちゃく》時刻と、震源からの距離《きょり》を示したものです。ＡとＢの波は一定の速さで伝わるものとして、次の問いに答えなさい。**

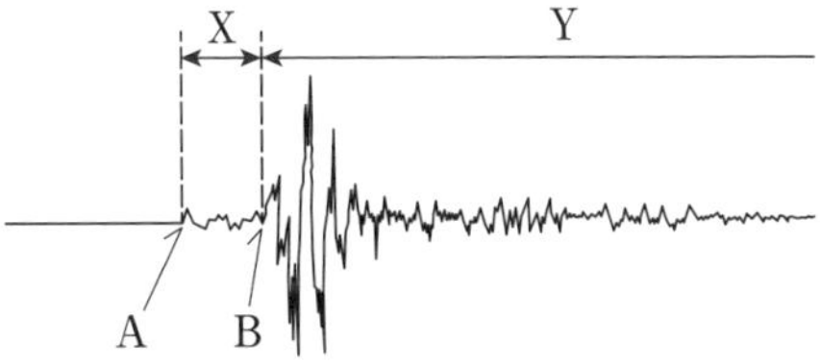

(1) 図１のＡははじめの小さな揺《ゆ》れを伝える波、Ｂはその後の大きな揺れを伝える波の到着を表しています。Ｂの波の名称を答えなさい。［　　］

観測地	Ａの到着時刻	Ｂの到着時刻	震源からの距離
Ｍ市	13 時 34 分 24 秒	13 時 34 分 48 秒	96 km
Ｎ市	13 時 34 分 30 秒	13 時 35 分 06 秒	144 km

(2) 図１のＸの時間とＹの揺れの名称を、それぞれ漢字で答えなさい。
X［　　］　**Y**［　　］

(3) 表から、Ａの波の速さは何 km/s になりますか。［　　］

(4) 表から、この地震が起こった時刻を答えなさい。［　　］

得点アップ　火成岩は、斑状《はんじょう》組織の火山岩と、等粒状《とうりゅうじょう》組織の深成岩に分けられる。

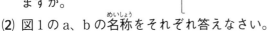

月　日

目標時間 10 分

時間　分

11 地層のようす

解答→別冊 p.24

1 **右の写真は、ある化石の写真です。次の問いに答えなさい。**

(1) 写真は何の化石ですか。次の**ア**～**エ**から１つ選びなさい。

ア　フズリナ　**イ**　サンヨウチュウ

ウ　ビカリア　**エ**　アンモナイト

(2) 写真の化石は、地層ができた時代の推測に役立ちます。このような化石を何といいますか。

(3) サンゴの化石のように、地層ができた環境《かんきょう》の推測に役立つ化石を何といいますか。

(4) 写真の化石を含《ふく》む地層が堆積《たいせき》した時代を、次の**ア**～**ウ**から１つ選びなさい。

ア　古生代　**イ**　中生代　**ウ**　新生代

2 **図１は、ある地域の等高線を表した地図で、図２は、図１のＡ～Ｃの地点でのボーリング試料をもとに作成した柱状図です。次の問いに答えなさい。ただし、この地域の地層は同じ厚さで水平に重なっていて、断層やしゅう曲などでの上下の逆転が起こっていないものとします。**

〔図1〕

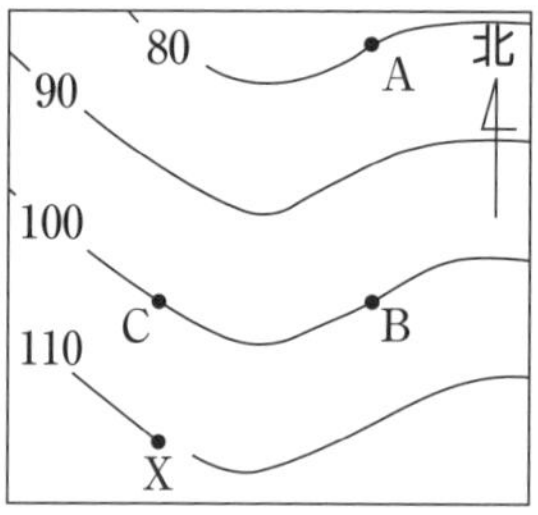

〔図2〕

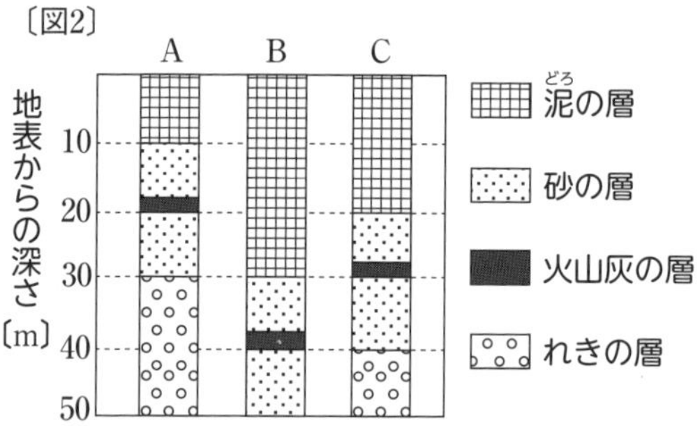

(1) Ａ地点の地表から深さ 25 m のところに堆積しているのは何の層ですか。

(2) Ｂ地点の標高 80 m のところに堆積しているのは何の層ですか。

(3) この地域の火山灰の層のように、離《はな》れた地層を比べるときに利用できる層を何といいますか。

(4) 火山灰が固まってできた岩石を次の**ア**～**エ**から１つ選びなさい。

ア　泥《でい》岩　**イ**　石灰岩　**ウ**　チャート　**エ**　凝灰《ぎょうかい》岩

(5) この地域の層は、東、西、南、北のどの方向に低くなっていると考えられますか。

(6) Ｘ地点の柱状図を、右図にかきなさい。

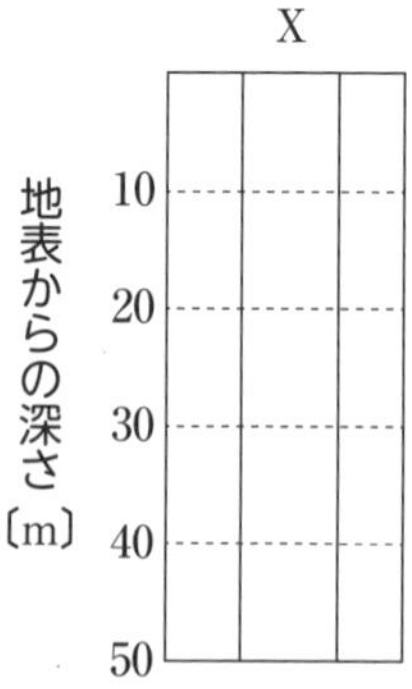

得点アップ　地層は、上下の逆転が起こらなければ、下の層ほど古くなる。

12 気象観測と天気の変化

解答→別冊 p.24

1 **乾湿《かんしつ》計について、次の問いに答えなさい。**

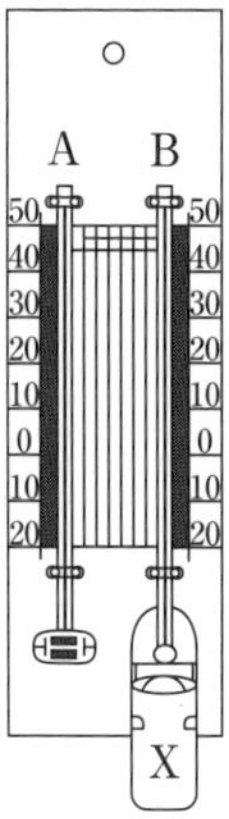

(1) 右図のAとBのどちらが乾球温度計ですか。

(2) 湿球《しっきゅう》温度計のほうが乾球温度計よりも示度が低くなる理由を、次の**ア**～**ウ**から1つ選びなさい。

ア　図のXに水が入っていて冷たいから。

イ　図のXに氷が入っているから。

ウ　図のXに入っている水が蒸発するときに気化熱を奪《うば》うから。

乾球の示度〔℃〕	乾球と湿球の示度の差〔℃〕 0.0	1.0	2.0	3.0	4.0	5.0
20	100	91	81	73	64	56
19	100	90	81	72	63	54
18	100	90	80	71	62	53
17	100	90	80	70	61	51
16	100	89	79	69	59	50
15	100	89	78	68	58	48

(3) 乾球温度計が17℃で、湿球温度計が13℃のとき湿度は何%ですか。上の湿度表を利用して答えなさい。

2 **右のグラフは、ある日の気温と湿度を表しています。次の問いに答えなさい。**

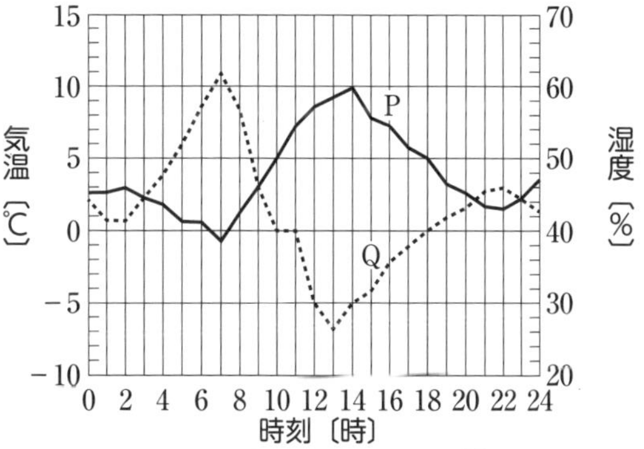

(1) 図で湿度を表すグラフはPとQのどちらですか。

(2) この日の天気として最も適当なものを、次の**ア**～**ウ**から1つ選びなさい。

ア　晴れ　　**イ**　くもり　　**ウ**　雨

(3) 18時の空気1 m^3 中に含《ふく》まれる水蒸気は何gですか。下の表をもとに、四捨五入して小数第1位まで答えなさい。

温　度〔℃〕	5	10	15	20	25	30
飽和水蒸気量〔g/m^3〕	6.8	9.4	12.8	17.3	23.1	30.4

3 **右図は、6月下旬《げじゅん》の日本付近の天気図です。次の問いに答えなさい。**

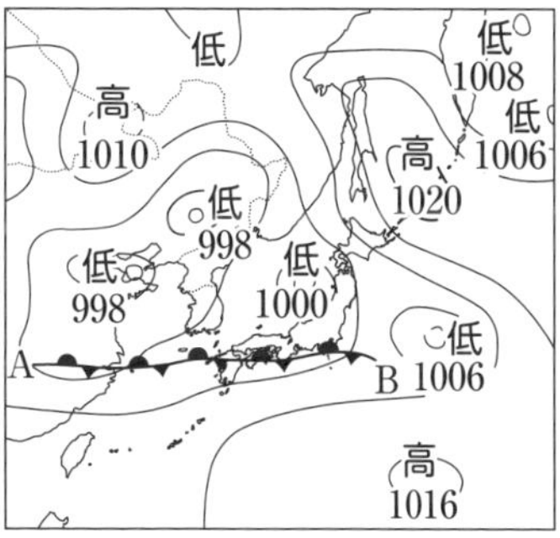

(1) 前線ABの名称《めいしょう》を、次の**ア**～**エ**から1つ選びなさい。

ア　温暖前線　　**イ**　寒冷前線
ウ　停滞《ていたい》前線　　**エ**　閉塞《へいそく》前線

(2) 前線ABが生じる原因となる2つの気団を答えなさい。

得点アップ　$湿度〔\%〕=\dfrac{空気1\,m^3中に含まれる水蒸気量〔g/m^3〕}{その温度での飽和水蒸気量〔g/m^3〕}\times 100$

月　日

中学1・2年の総復習テスト

時間 20 分

70点で合格！　　点

解答→別冊 p.25

1 **次の実験を行いました。あとの問いに答えなさい。**（6点×5）〔愛知－改〕

〔実験1〕電熱線Aと電熱線Bに加わる電圧と流れる電流の関係を表にまとめました。

電圧〔V〕		0	1.0	2.0	3.0	4.0	5.0
電流〔mA〕	電熱線A	0	50	100	150	200	250
	電熱線B	0	20	40	60	80	100

〔実験2〕実験1の電熱線Aを用いて、図1のような装置をつくりました。電圧計の示す値が5.0Vの状態でコイルに電流を流し、そのときのコイルの動きを観察したところ、コイルは図1の矢印（➡）の向きに動きました。

〔図1〕

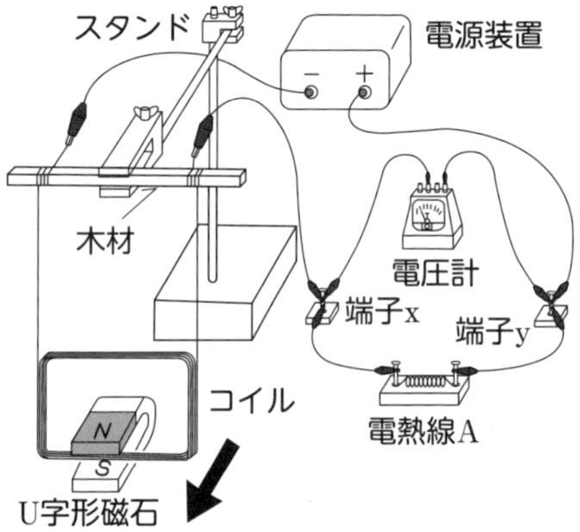

(1) 電熱線Aと電熱線Bの抵抗《ていこう》は、それぞれ何Ωですか。**A**〔　　　〕　**B**〔　　　〕

(2) 実験2の後、電熱線Aを電熱線Bにかえ、U字形磁石のN極とS極を上下逆にしました。このとき、コイルの動いた向きと大きさについて説明した次の文の□にあてはまるものを**ア**～**エ**から選びなさい。

> コイルは実験2と①［**ア**　同じ　　**イ**　反対］向きに、実験2よりも②［**ウ**　大きく　　**エ**　小さく］動いた。

①〔　　　〕

②〔　　　〕

(3) 実験1の電熱線A、Bを図2のように組み合わせ、実験2の装置の端子《たんし》x、y間に接続します。コイルの動きが実験2よりも大きくなるものを、図2の**ア**～**カ**からすべて選びなさい。〔　　　〕

〔図2〕

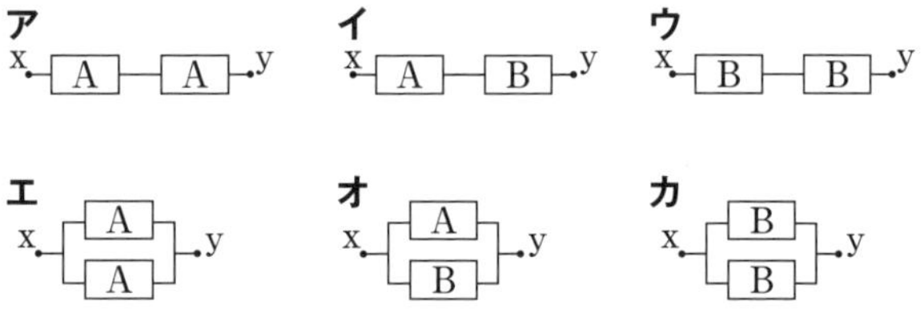

2 **右図はイカの体の中のつくりを示したものです。次の問いに答えなさい。**（5点×4）〔佐賀〕

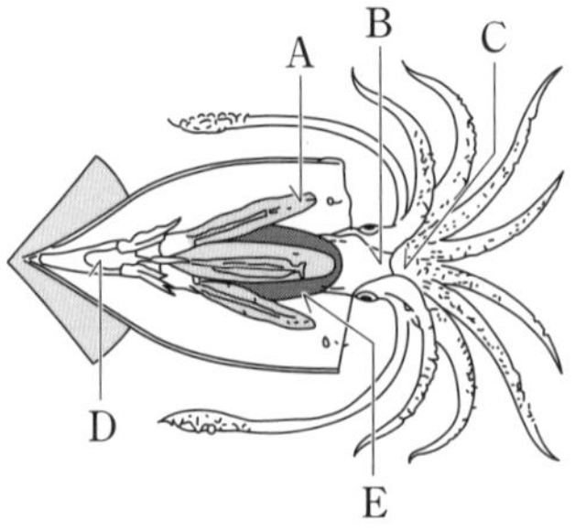

(1) 無脊椎《せきつい》動物の中で、特にイカやアサリのような動物を何といいますか。〔　　　〕

(2) イカの呼吸器官として最も適当なものを、図のA～Eから1つ選び、その名称《めいしょう》も答えなさい。

記号〔　　　〕　**名称**〔　　　〕

(3) 次の**ア**～**エ**の無脊椎動物のうち、節足動物をすべて選びなさい。〔　　　〕

ア　マイマイ　　**イ**　ザリガニ　　**ウ**　イソギンチャク　　**エ**　ミジンコ

3 **次の実験について、あとの問いに答えなさい。**（5点×4）〔滋賀－改〕

〔実験〕①右図のように、炭酸水素ナトリウム3.0 gを乾《かわ》いた試験管に入れ、装置を組み立て、弱火で加熱しました。

②発生した気体を水上置換《ちかん》法で集め、気体が発生しなくなったら a ガラス管を水槽《すいそう》から取り出し加熱をやめました。

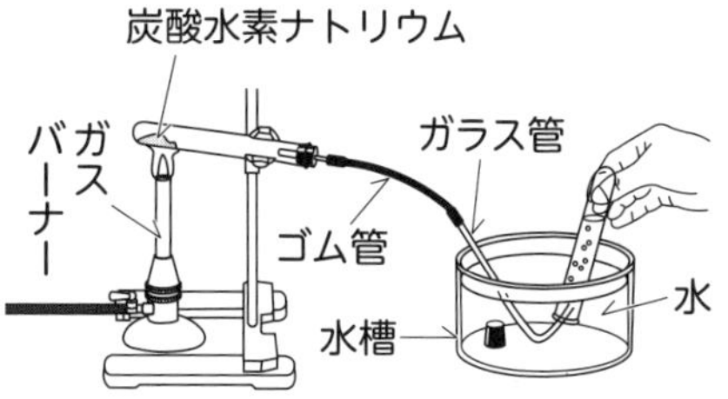

③加熱後の試験管に b 残っている白い固体と炭酸水素ナトリウムの性質を調べると結果は下の表のようになりました。

	操作	結果
試験管に残っている白い固体	水に溶《と》かす。フェノールフタレイン溶液《ようえき》を加える。	水によく溶ける。フェノールフタレイン溶液は赤色に変わる。
炭酸水素ナトリウム	水に溶かす。フェノールフタレイン溶液を加える。	水に少し溶ける。フェノールフタレイン溶液はうすい赤色に変わる。

記述 (1) 下線部 a について、このような操作をする理由を、簡潔に答えなさい。

［　　　　］

(2) 下線部 b で、試験管に残っている白い固体は、実験結果から炭酸水素ナトリウムとは別の物質と考えられます。その物質名を答えなさい。［　　　　］

(3) 実験で発生した気体の名称と化学式を答えなさい。

名称［　　　　］ **化学式**［　　　　］

4 **ある日の15時すぎに、ある地点の地表付近で地震《じしん》が発生しました。下の表は観測地点A～Cにおけるそのときの記録の一部です。岩盤《がんばん》の性質はどこも同じで、地震の揺《ゆ》れが伝わる速さは、揺れが各観測地点に到達《とうたつ》するまで変化しないものとして、次の問いに答えなさい。**（5点×6）〔富山－改〕

観測地点	震源からの距離《きょり》	P 波が到着した時刻	S 波が到着した時刻
A	（ X ）km	15 時 9 分（ Y ）秒	15 時 9 分 58 秒
B	160 km	15 時 10 分 10 秒	15 時 10 分 30 秒
C	240 km	15 時 10 分 20 秒	15 時 10 分 50 秒

(1) S 波による揺れを何といいますか。

［　　　　］

(2) 地震の発生した時刻は15時何分何秒と考えられるか、答えなさい。［15時　　　　］

(3) 表の X、Y にあてはまる値をそれぞれ求めなさい。

X［　　　　］ **Y**［　　　　］

(4) 次の文章は、地震について説明したものです。文中の□にあてはまるものを**ア**～**エ**から選びなさい。　①［　　　］ ②［　　　］

> 震源の深さが同じ場合は、マグニチュードが大きい地震のほうが、震央付近の震度が①［**ア** 大きくなる　**イ** 小さくなる］。また、マグニチュードが同じ地震の場合には、震源が浅い地震のほうが、強い揺れが伝わる範囲《はんい》が②［**ウ** 狭くなる　**エ** 広くなる］。

英語

最重要ポイント

1 動詞の種類

→ p.54

主語による be 動詞の使い分け

主　語	be 動詞
I	am
I と you 以外の単数（3 人称単数）	is
you と複数	are

一般動詞・現在形　動作や状態を表す動詞。

You play baseball.（あなたは野球をします。）

3 人称単数現在　主語が 3 人称単数のときは、一般動詞に s, es をつける。

She runs.（彼女は走ります。）

主語が 3 人称単数のとき、動詞 have だけは has になるので気をつけるのじゃ。

2 疑問詞

→ p.55

疑問詞疑問文　疑問詞＋疑問文～?

who「だれ(が)」/ what「何(の)」/ which「どちら」/ whose「だれの」/ why「なぜ」/ when「いつ」/ where「どこ(で)」/ how「どのように」: how many(数)、how old(年齢)

What do you read?（**何**を読みますか。）/ When is your birthday?（誕生日は**いつ**ですか。）

3 時　制

→ p.56～58, 65

過去形

① be 動詞 [was / were]：I was in Osaka yesterday.（私は昨日大阪にいました。）

②一般動詞(規則動詞)：語尾に(e)d をつける　play → played / like → liked

③一般動詞(不規則動詞)：go → went / have → had / teach → taught / run → ran

進行形　be 動詞＋動詞の -ing 形：現在進行形(今進行中)/ 過去進行形(過去に進行していた)

I am studying English now.（私は今、英語を**勉強しています**。）

未来表現

①will＋動詞の原形:「～するでしょう」 It will be sunny tomorrow.（明日は晴れるでしょう。）

② be going to＋動詞の原形：「～するつもり／予定だ」 be 動詞は主語によって使い分ける。

Ken is going to meet his friends tomorrow.（ケンは明日友達と会うつもりです。）

現在完了　have[has]＋過去分詞：過去から現在までに起こった動作や状態を表す。

①経験「～したことがある」I have visited Nara before.（私は以前に奈良を**訪れたことがあります**。）

②継続「(ずっと)～している」He has lived in Paris for a year.（彼は 1 年間パリに**住んでいます**。）

③完了「～してしまった」I have already finished my homework.（私はすでに宿題を**終えました**。）

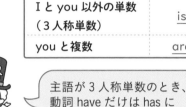

4 いろいろな文型 → p.59

① feel / sound＋**形容詞**：feel＋形容詞**「～と感じる」** / sound＋形容詞**「～に聞こえる」**

The idea sounds good. （そのアイデアは良さそうに聞こえます。）

②**主語＋動詞＋目的語(人)＋目的語(もの)**：show, give, send, buy, make, tell, teach など

We gave Yumi a present. （私たちはユミに贈り物をあげました。）

5 動名詞と不定詞 → p.60～61

動名詞　**動詞の ing 形：～すること**

I like playing the guitar. （私はギターを**ひくこと**が好きです。）

不定詞　**to＋動詞の原形**

①**名詞的用法：～すること**　I like to talk in English. （私は英語で**話すこと**が好きです。）

②**形容詞的用法：～するための**

Please give me something to drink. （何か**飲むための**もの[**飲み物**]をください。）

③**副詞的用法：～するために**　She came to see me. （彼女は私に**会うために**来ました。）

6 助動詞 → p.62

①**「～できる」**：can(過去形は could)と be able to＋**動詞の原形**

I can drive a car. ⇔ I am able to drive a car. （私は車の運転が**できます**。）

②**「～しなければならない」**：must と have[has] to＋**動詞の原形**

She must go home. ⇔ She has to go home. （彼女は家に帰ら**なければなりません**。）

7 比　較 → p.63

① as＋**原級(形容詞と副詞の変化なし)**＋as：**「～と同じくらい」**

I am as tall as my father. （私は父と**同じくらいの背の高さ**です。）

②**比較級(-er または more ～)**＋than：**「～よりも」**

I am taller than my father. （私は父**よりも背が高い**です。）

③ the＋**最上級(-est または most ～)**＋in / of：**「～でいちばん」**

I am the tallest in my class. （私はクラスで**いちばん背が高い**です。）

more や most をつける単語には difficult, beautiful, famous, important などがあるよ。

8 受け身 → p.64

be 動詞＋動詞の過去分詞：**「～される(された)」** be 動詞は主語や時制によって変わる。

Breakfast was made by my mother yesterday. （朝食は昨日、母によって**作られました**。）

月　日

1 be動詞・一般動詞

目標時間 10 分

時間　　分

解答→別冊 p.26

1 次の英文の（　）内から最も適するものを選びなさい。

(1) I (is, am, are) a junior high school student.

(2) We (are, play, plays) baseball after school.

(3) My sister (is, am, are) a nurse.

(4) George (study, studies, are) math every day.

(5) There (is, are, be) a post office next to my school.

2 次の日本文に合う英文になるように、____に適する語を書きなさい。

(1) 私の兄は朝食前に公園を走ります。

My brother ________ ________ the park before breakfast.

(2) あなたはカナダ出身ですか。

________ ________ from Canada?

(3) 私はチョコレートが大好きです。

I ________ chocolate ________ much.

(4) メアリーはピアノをひきません。

Mary ________ ________ the piano.

3 次の文を（　）内の指示通りに書きかえなさい。

(1) She uses this computer.　(疑問文に)

____

(2) Mr. Oka teaches English at school.　(否定文に)

____

(3) 彼らはこの部屋にいません。　(英文に)

________ ________ ________ in this room.

(4) Are you and Mary from Australia?　(「はい、そうです」という答えの英文を作る)

____

(5) Does your brother have a car?

(「いいえ、持っていません」という答えの英文を作る)

____

得点アップ　be動詞と一般動詞の肯定文・疑問文・否定文の作り方の違いに気をつけよう。

月　日

2 疑問詞

目標時間 10 分

時間　分

解答→別冊 p.26

1 **次の疑問文の答えとして最も適するものを選びなさい。**

(1) ______ (2) ______ (3) ______ (4) ______

(1) What does your sister do on Sundays?

ア Yes, she does.　イ She plays tennis.　ウ It is her tennis racket.

(2) How old are you?

ア I am fifteen years old.　イ It's a new one.　ウ I'm from China.

(3) Where is your bag?

ア No, it isn't.　イ It is mine.　ウ It's on the desk.

(4) When does he play the piano?

ア He plays it after school.　イ He plays it in the classroom.

ウ He plays it with Mary.

2 **次の日本文に合う英文になるように、(　)内の語を並べかえなさい。**

(1) あなたはどんな音楽が好きですか。　(do / like / music / what / you)?

______?

(2) 彼は何か国語を話しますか。　(he / how / languages / speak / many / does)?

______?

(3) うどんかそばか、あなたはどちらを食べますか。

(or / do / udon / eat / which / you / ,) soba?

______ soba?

3 **次の英文を(　)内の指示通りに書きかえなさい。**

(1) They do homework before dinner.　(下線部が答えの中心になる疑問文に)

______

(2) She has 100 dolls.　(下線部が答えの中心になる疑問文に)

______

(3) When is your birthday?　(「6 月 26 日です」と 4 語で答えなさい)

______

(4) How do you and Hideki go to Osaka?　(「バスで」と 5 語で答えなさい)

______

得点アップ　数をたずねる表現は、How many 名詞の複数形＋疑問文？となる。

3 (e)d 過去形

月　　日

目標時間 10 分

時間　　分

解答→別冊 p.27

1 **あとの（　）内の語を適する形にかえて、____に書きなさい。**

(1) My family ________ in London last week. （ be ）

(2) I ________ lunch with Jane yesterday. （ have ）

(3) Mr. Smith ________ us Spanish three years ago. （ teach ）

(4) Some children ________ the window last week. （ break ）

(5) We ________ very busy this morning. （ be ）

2 **次の日本文に合う英文になるように、____に適する語を書きなさい。**

(1) あなたは、昨夜は英語を勉強しましたか。　— いいえ、していません。

________ you ________ English last night?

— No, ________ ________.

(2) 私は昨日駅でサナに会いました。

I ________ Sana at the station yesterday.

(3) トムは先週、この車を買いませんでした。

Tom ________ ________ this car last week.

(4) 彼女は昨年、100 冊以上の本を読みました。

She ________ more than 100 books last year.

(5) あなたはどのくらいニューヨークに滞在しましたか。

________ ________ ________ you ________ in New York?

3 **次の英文を（　）内の指示通りに書きかえなさい。**

(1) My mother is happy now. （下線部を last Monday にかえて）

____

(2) He saw a lot of stars last night. （疑問文に）

____

(3) They ran in the park yesterday. （否定文に）

____

(4) She visited Hawaii last year. （下線部が答えの中心になる英文に）

____

得点アップ　read（～を読む）の過去形は原形と同じ形だが、発音は red（赤い）と同じ「レッド」に変わる。

4 進行形

目標時間 10 分

時間　分

解答→別冊 p.27

1 **次の英文の（　）内から最も適するものを選びなさい。**

(1) I (was help, was helping, helping) my mother then.

(2) She isn't (eat, eats, eating) breakfast now.

(3) Who (was walking, was walk, walking) in the park?
(My brother does., My brother was., It's my brother.)

(4) My father (rode, rides, is riding) a horse over there now.

(5) We weren't (practiced, practicing, practice) tennis at 7 p.m.

2 **次の日本文に合う英文になるように、（　）内の語(句)を並べかえなさい。**

(1) 何人の子どもたちがプールで泳いでいますか。
(swimming / the / many / are / how / in / children / pool)?

____?

(2) その生徒たちは今、体育館で走っています。
(now / in / running / the gym / are / the students).

____.

(3) 彼らはそのとき音楽を聞いていませんでした。
(to / the music / they / weren't / listening / then).

____.

3 **次の英文を（　）内の指示通りに書きかえなさい。**

(1) She was playing the piano then.　(下線部が答えの中心になる疑問文に)

____

(2) I am writing an e-mail to my grandmother now.　(日本文に)

____

(3) Were Yuki and Koji taking pictures then?　(yes で答えなさい)

____

(4) Where was he going?　(「郵便局に行くところでした」と答えなさい)

____

得点アップ　心の状態や継続的な意味の動詞(like ～が好きだ、live 住む　など)は進行形にしない。

5 未来表現

月　　日

目標時間　10 分

時間　　　分

解答→別冊 p.28

1 次の英文の（　）内から最も適するものを選びなさい。

(1) My sister is going to (dance, dances, dancing) tomorrow.

(2) (Do, Are, Will) they going to visit us next Sunday?

(3) He (doesn't, isn't, won't) going to go abroad next year.

(4) What (are, will, is) you eat for dinner today?

(5) Will you be busy this weekend? — No, I (am not, don't, won't).

2 次の英文を（　）内の指示通りに書きかえるとき、____に適する語を書きなさい。

(1) It will be fine tomorrow. （疑問文に）

______ ______ ______ fine tomorrow?

(2) Ken is going to sing a song at the party. （下線部が答えの中心になる疑問文に）

______ ______ ______ to sing a song at the party?

(3) Are you a high school student? （next year を加えて書きかえなさい）

______ ______ ______ a high school student next year?

(4) We're going to climb the mountain next Saturday. （否定文に）

We ______ ______ ______ to climb the mountain next Saturday.

(5) Are James and Kanako going to visit you next month? （no で答えなさい）

— No, ______ ______.

記述

3 次のタケシの予定表に合うように、(1)〜(3)の問いに指示された語数の英語で答えなさい。

水曜日	夕食後に数学の勉強をする
木曜日	放課後に図書館に行く
金曜日	トムとサッカーの練習をする
土曜日	買い物、映画、祖父母の家を訪問

(1) Is Takeshi going to go to the library on Wednesday? （3 語）

____

(2) What is Takeshi going to do next Friday? （8 語）

____

(3) Will Takeshi do three things next Saturday? （3 語）

____

得点アップ　「今にも〜しそうだ」は be going to を使う。

月　日

6 いろいろな文型

目標時間 10 分

時間 分

解答→別冊 p.28

1 次の英文の（　）内から適するものを選びなさい。

(1) Bob showed (me some pictures, some pictures me) yesterday.

(2) You (look like, look) very tired. Are you OK?

(3) My brother gave (me it, it to me) on my birthday.

(4) This flower (smells, likes) good.

2 次の各組の英文がほぼ同じ内容を表すように、＿＿に適する語を書きなさい。

(1) I made my mother this cake.
I made this cake __________ my mother.

(2) Jane bought her sister a new dress.
Jane bought a new dress __________ her sister.

(3) He told me an interesting story.
He told an interesting story __________ me.

(4) Ms. Smith will teach us English from next week.
Ms. Smith will teach English __________ us from next week.

3 次の日本文に合う英文になるように、（　）内の語(句)を並べかえなさい。

(1) その料理はおいしくなかった。
The dish (good / did / taste / not).
The dish ______________________________.

(2) あなたは昨日、アメリカの友人に手紙を送りましたか。
(you / send / to / a letter / did / your friend) in America yesterday?
______________________________ in America yesterday?

(3) 彼は先週、とても忙しそうに見えました。
(looked / he / busy / very) last week.
______________________________ last week.

(4) 私の祖父は 10 年前に、この椅子を私に作ってくれました。
My grandfather (me / this / for / chair / made) 10 years ago.
My grandfather ______________________________ 10 years ago.

得点アップ　「動詞＋もの＋to[for]＋人」の文の to か for かは動詞によって決まる。

月　日

7 ~ing 動名詞

目標時間 10 分

時間　分

解答→別冊 p.29

1 次の英文の（　）内から適するものを選びなさい。

(1) I like (watch, watching) movies.

(2) (Play, Playing) video games is really fun.

(3) My hobby is (listen, listening) to the music.

(4) We enjoyed (swim, swimming) in the pool.

2 次の日本文に合う英文になるように、（　）内の語(句)を並べかえなさい。

(1) 手伝ってくれてありがとうございました。

(you / for / thank / me / helping).

______________________________.

(2) 私の妹は英語の本を読むことに興味があります。

My sister is (interested / English books / in / reading).

My sister is ______________________________.

(3) 彼らはその道にそって歩き始めました。

They started (along / walking / the street).

They started ______________________________.

(4) ルーシーはピアノをひくことが得意です。

Lucy is (playing / good / the piano / at).

Lucy is ______________________________.

3 次の英文を（　）内の指示通りに書きかえなさい。

(1) My job is teaching English.　(下線部を主語にして同じ意味の英文に)

____

(2) He finished the book.　(reading を適する位置に入れて)

____

(3) She is a good swimmer.　(動名詞の文に)

____

(4) I watched TV and then went to bed.　(前置詞 before を使って同じ内容の英文に)

____

得点アップ　前置詞の後は常に名詞がくるので、前置詞の後に動詞を入れるときは動名詞になる。

8 to~ 不定詞

目標時間 10 分

時間 分

解答→別冊 p.29

1 次の英文で［　］内の語を入れるのに最も適切な位置を選びなさい。

(1)＿＿＿＿　(2)＿＿＿＿　(3)＿＿＿＿　(4)＿＿＿＿

(1) Do you like play table tennis ?　[to]

ア　イ　ウ　エ　オ

(2) We are very happy meet you today.　[to]

ア　イ　ウ　エ　オ　カ

(3) He wanted something cold to .　[drink]

ア　イ　ウ　エ オ

(4) Jim went to America to his old friend.　[meet]

ア　イ　ウ エ　オ

2 次の英文の和訳を完成させなさい。

(1) I was very surprised to hear the news.

私はそのニュースを＿＿＿＿＿＿＿＿＿＿＿＿＿＿。

(2) Do you know how to drive a car?

あなたは＿＿＿＿＿＿＿＿＿＿＿＿＿＿を知っていますか。

(3) It is not easy for me to get up early in the morning.

朝早くに＿＿＿＿＿＿＿＿＿＿＿＿＿＿。

(4) Ken doesn't have much time to read books.

ケンは＿＿＿＿＿＿＿＿＿＿＿＿＿＿。

3 次の日本文に合う英文になるように、（　）内の語(句)を並べかえなさい。

(1) 私は姉のためのプレゼントをどこで買えばよいのかわかりません。

I don't know (buy / to / a present / for / where / my sister).

I don't know ＿＿＿＿＿＿＿＿＿＿＿＿＿＿.

(2) 彼女は写真を撮るためにその山に行きました。

She (take / went / pictures / to / the mountain / to).

She ＿＿＿＿＿＿＿＿＿＿＿＿＿＿.

(3) 私の弟の趣味は切手を集めることです。

My brother's hobby (is / stamps / collect / to).

My brother's hobby ＿＿＿＿＿＿＿＿＿＿＿＿＿＿.

得点アップ　〈what to do〉「何をするべきか」、〈which to take〉「どちらを取るべきか」も覚えよう。

月　日

9 can 助動詞

目標時間 10 分

時間　分

解答→別冊 p.30

1 次の日本文に合う英文になるように、____に適する語を書きなさい。

(1) ドアを閉めてくれませんか。

________ ________ shut the door?

(2) 彼は宿題を終えなければなりません。

He ________ finish his homework.

(3) 私の兄は時間通りに駅に着くことができました。

My brother ________ ________ at the station right on time.

(4) あなたは毎朝新聞を読むべきです。

You ________ ________ a newspaper every morning.

2 次の各組の英文がほぼ同じ内容を表すように、____に適する語を書きなさい。

(1) Satoshi is a good English speaker.
Satoshi ________ ________ English well.

(2) Don't run in the classroom.
You ________ ________ run in the classroom.

(3) Kaori must call her mother at 2 p.m.
Kaori ________ ________ call her mother at 2 p.m.

(4) My father can play the guitar.
My father ________ ________ ________ play the guitar.

3 次の英文を（　）内の指示通りに書きかえなさい。

(1) You must stay here.　(「～する必要はない」という意味の文に)

____

(2) I studied science hard for the test.

(「～しなければならなかった」という意味の文に)

____

(3) May I use the computer?　(日本語に)

____

(4) Please clean the room.　(「Can you ～？」を使って同じ内容の文に)

____

得点アップ　未来の義務を表すときは、will have to ～(～しなければならないでしょう)になる。

月　日

10 比較

目標時間 10 分

時間　分

解答→別冊 p.30

1 次の英文の（　）内から最も適するものを選びなさい。

(1) The building is as (tall, taller, tallest) as that tower.

(2) This movie was not (popular, more popular, as popular) as that one.

(3) Is Mt. Fuji (high, higher, highest) than Mt. Everest?

(4) Mike is (old, older, the oldest) of the four.

2 次の日本文に合う英文になるように、____に適する語を書きなさい。

(1) 彼はクラスでいちばんじょうずにピアノをひきます。

He plays the piano __________ __________ __________ my class.

(2) 私はベンよりもとても速く走ることができます。

I can run __________ __________ __________ Ben.

(3) あなたはコーヒーよりも紅茶の方が好きですか。

Do you like tea __________ __________ coffee?

(4) その歌手はアメリカよりもイギリスで有名です。

The singer is __________ __________ in England __________ in America.

3 次の日本文に合う英文になるように、（　）内の語(句)を並べかえなさい。

(1) 私の兄は、先週父と同じくらい忙しかったです。

My brother (as / was / my father / busy / as) last week.

My brother ____ last week.

(2) この辞書はあの辞書よりも役に立ちます。

This dictionary is (than / one / more / that / useful).

This dictionary is ____.

(3) 私の記録は３人の中でいちばん悪かったです。

My record was (of / the worst / three / the).

My record was ____.

(4) 私は私の母ほどじょうずに料理ができません。

I (cook / as / my mother / well / can’t / as).

I ____.

得点アップ　「子音字＋y」で終わる語はyをiにかえてer, estをつける。(例)busy-busier-busiest

月	日

目標時間 10 分

時間 分

11 受け身

解答→別冊 p.31

1 **次の英文の（ ）内から最も適するものを選びなさい。**

(1) This letter was (wrote, writing, written) by my father.

(2) Kyoto (visits, is visiting, is visited) by many foreigners every year.

(3) The temple was (build, building, built) about 400 years ago.

(4) This chair is (made by, made of, made in) wood.

(5) His song is (knew by, knows to, known to) young people.

(6) Sugar (doesn't sell, isn't sold, isn't selling) at that store.

2 **次の日本文に合う英文になるように、____に適する語を書きなさい。**

(1) その絵本は世界中でたくさんの子どもたちに愛されています。

The picture book ________ ________ ________ many children all over the world.

(2) 私の家の屋根は雪でおおわれていました。

The roof of my house was ________ ________ snow.

(3) 昨夜は雨が降ったので星は見られませんでした。

Stars were ________ ________ because it rained last night.

(4) 日本酒はお米から作られています。

Japanese sake is ________ ________ rice.

(5) その部屋は月曜日は使われません。

The room ________ ________ ________ Mondays.

3 **次の英文を（ ）内の指示通りに書きかえなさい。**

(1) He read an interesting book. （受け身の文に）

____

(2) Is your room cleaned every day? （ no で答えなさい）

____

(3) Tom bought a red car last week. （受け身の文に）

____

(4) The concert was held on October 3. （下線部が答えの中心になる疑問文に）

____

得点アップ 「by ＋人」のない受け身の文を能動態の文に直すとき、主語は people, we, they を用いる。

月　　日

目標時間　10　分

時間　　分

12 現在完了

解答→別冊 p.31

1 **次の英文の（　）内から最も適するものを選びなさい。**

(1) My brother and I (were, has, have) watched the movie twice.

(2) How long have you (live, lived, living) in Japan?

(3) Jane has already (do, did, done) her homework.

(4) He has known her (during, for, since) 1988.

2 **次の日本文に合う英文になるように、＿＿に適する語を書きなさい。**

(1) 彼らはちょうど図書館に着いたところです。

They have ＿＿＿＿ ＿＿＿＿ at the library.

(2) あなたはこれまでに野生の象を見たことがありますか。

＿＿＿＿ you ＿＿＿＿ seen wild elephants?

(3) 10日間ずっと晴れています。

It ＿＿＿＿ ＿＿＿＿ fine ＿＿＿＿ ten days.

(4) 私はまだおばに電話をしていません。

I ＿＿＿＿ ＿＿＿＿ my aunt ＿＿＿＿.

(5) あなたはどれくらいの間、野球を練習していますか。

How ＿＿＿＿ ＿＿＿＿ you ＿＿＿＿ baseball?

3 **次の日本文に合う英文になるように、（　）内の語(句)を並べかえなさい。ただし、不要な語が1語だけ含まれています。**

(1) 私は一度も海で泳いだことがありません。

I (never / in / have / swim / swum) the sea.

I ＿＿＿＿＿＿＿＿＿＿＿＿＿＿＿＿ the sea.

(2) その電車はもう駅を出ましたか。

(the train / yet / has / left / already / the station)?

＿＿＿＿＿＿＿＿＿＿＿＿＿＿＿＿?

(3) あなたは何回アメリカに行ったことがありますか。

(been / how / often / you / have / many / to / times) America?

＿＿＿＿＿＿＿＿＿＿＿＿＿＿＿＿ America?

得点アップ　have been to ～「～に行ったことがある(経験)」、have gone to～「～に行ってしまった(完了)」

月　日

中学1・2年の総復習テスト

時間 20 分

70点で合格！

点

解答→別冊 p.32

1 次の対話文の____に最も適するものを［　］内から選びなさい。（5点×4）

(1) *A*：Tom, you speak Japanese very well.

B：I ________ in Japan with my family for three years when I was a child.

［ lived / have lived / live / lives ］〔神奈川〕

(2) *A*：Why do you like your English class?

B：Because I can learn a lot of things by ________ with my friends in English.

［ to talk / have talked / talked / talking ］〔神奈川〕

(3) *A*：Soccer is becoming as popular ________ baseball among boys in my school.

B：Really? In my school, boys like baseball better than soccer.

［ than / better / as / of ］〔愛媛一改〕

(4) *A*：French is ________ in Canada. Did you know that?

B：Really? I had no idea.

［ speak / spoke / speaking / spoken ］〔沖縄一改〕

2 次の日本文に合う英文になるように、____に適する語を書きなさい。（6点×3）

(1) 私はそのとき、彼にあげるものを何も持っていませんでした。

I didn't have ________ ________ ________ him.

(2) 日本には4つの季節があります。

________ ________ four seasons ________ Japan.

(3) あなたは今日、買い物に行く必要はありません。

You ________ ________ ________ go shopping today.

3 次の対話文の（　）に最も適するものを、あとのア～エから選び、記号で答えなさい。

（8点）〔山形〕

Cathy：Hi, Hiroshi. You look tired today.

Hiroshi：A little. My family visited my aunt in Yokohama yesterday.

Cathy：It's far from here. (　　　　)

Hiroshi：At about 9 p.m. Then I took a bath and went to bed.

ア Why did she live here?

イ When did you get home?

ウ What time did she leave home?

エ How long did it take?

4 次の(1)～(3)の対話文が成り立つように、それぞれ（　）内の語(句)を並べかえて英文を完成させて書きなさい。また、文のはじめは大文字で書きなさい。(6点×3)〔富山一改〕

(1) *A*：How many classes does your school have in a day?
B：We usually have six classes.
A：(begin / does / time / what / your school)?
B：At 8:15.

____?

(2) *A*：Yesterday was Kaoru's birthday.
B：Did you do something for her?
A：I (her / for / made / cake / a). She looked happy when she was eating it.

I ____.

(3) *A*：That's a beautiful picture!
B：Thank you. (taken / brother / it / by / was / my). He is in India now.
A：Do you know the place in the picture?
B：I don't know. I'll ask him later.

____.

5 次の英文中の(1)～(6)に入る語として、下の(1)～(6)から最も適切な語を選び書きなさい。
(6点×6)〔栃木一改〕

Dear Emma,
Hi, (1) __________ are you, Emma? I haven't (2) __________ you for a long time.
A few weeks ago, I learned how to write *hiragana* in a Japanese class. It was really difficult, but (3) __________ Japanese was a lot of fun. I wrote my name in *hiragana* (4) __________ the first time. My teacher, Ms. Watanabe, said to me, "You did a good job! To keep practicing is (5) __________." I was very happy to (6) __________ her words. I want to learn Japanese more.
How is your school life? I'm waiting for your email.
Best wishes,
Jane

(1) how / who / when / why
(2) see / seen / seeing / saw
(3) learn / learning / learned / learns
(4) by / to / with / for
(5) famous / weak / important / terrible
(6) make / play / hear / like

自分の感性を信じつつ、なお一般《いっぱん》的な知識や、他の人々の声に耳をかたむける余裕《よゆう》、このきわどいバランスの上に私たちの感受性というものは成り立たねばなりません。それは難しいことですが、少なくとも柳宗悦の言葉は、私たちに②〈知〉の危険性というものを教えてくれます。

（五木寛之《いつきひろゆき》「生きるヒント」）

＊見テ　知リソ　知リテ　ナ見ソ…日本の美術評論家である柳宗悦の言葉。

(1) ――線部①は、本文全体の中でどのような働きをしているか。その説明として最も適切なものを次から選び、記号で答えなさい。（15点）［　　］

ア 柳宗悦の言葉をそのまま引用することで、本文の展開に対する興味や関心を読者に持たせる働き。

イ 引用した柳宗悦の言葉を筆者自身が解釈《かいしゃく》することで、本文で述べたい内容を読者に提示する働き。

ウ 筆者の言葉を抽象《ちゅうしょう》的な表現で言いかえることで、本文の展開を読者にわかりやすく説明する働き。

エ 筆者の考え方を柳宗悦の言葉を用いて表現することで、柳宗悦の主張への疑問を読者に投げかける働き。

記述

(2) 筆者は作品に対するときの危険性の一つとして、――線部②について述べているが、――線部②とは異なる危険性についても述べている。それはどのような危険性か。「～におちいってしまう危険性。」に続くように二十字以内で答えなさい。（20点）

［　　　　　　　　　　］におちいってしまう危険性。

---

4 次の文章を読んで、あとの問いに答えなさい。〔三重―改〕

＊寸陰《すんいん》惜《を》しむ人なし。これよく知れるか、愚《おろ》かなるか。愚かにして怠《おこた》る人のために言はば、一銭軽《かろ》しといへども、是《これ》をかさぬれば、貧しき人を富める人となす。されば、商人《あきびと》の一銭を惜しむ心、切《せつ》なり。＊刹那《せつな》覚えずといへども、これを運びてやまざれば、命を終《を》ふる期《ご》、忽《たちま》ちに至る。

されば、道人《だうにん》は、遠く日月《にちぐわつ》を惜しむべからず。ただ今の一念、むなしく過ぐる事を惜しむべし。

（「徒然草《つれづれぐさ》」）

必要がないとわかっているのか愚かなのか
怠《なま》けている人
一銭はわずかではあるが
切実である
意識されないでも、これをずっと積み上げていけば
とき
仏教の修行者《しゅぎょうしゃ》は、遠い将来にわたる歳月《さいげつ》を惜しむべきではない
現在の一瞬《いっしゅん》が

＊寸陰…「一寸の光陰」の略。わずかな時間。
＊刹那…きわめて短い時間。一瞬。

(1) ――線部「言はば」を現代仮名遣いに直し、ひらがなで答えなさい。（15点）［　　］

(2) 漢文の「一寸光陰不可軽」を「一寸の光陰軽んずべからず」と読むことができるよう、返り点をつけたものとして最も適切なものを次から選び、記号で答えなさい。（20点）［　　］

ア 一寸光陰不㆓可軽㆒
イ 一寸光陰不㆑可㆑軽
ウ 一寸光陰㆓不㆑可軽㆒
エ 一寸光陰㆓不可㆑軽

中学1・2年の総復習テスト

時間 20分

70点で合格！

解答→別冊37ページ

月　日　　点

1 **次の文中の［　］に入る最も適切な言葉をあとから選び、記号で答えなさい。**（15点）〔愛知〕

・科学技術は［　］の発展を続けている。

ア　東奔西走《とうほん》　**イ**　不易流行《ふえき》
ウ　一触即発《いっしょくそくはつ》　**エ**　日進月歩

［　　］

2 **次の文中のA〜Cの——線部「の」のうち、一つだけほかと働きの異なるものがある。その記号を選びなさい。**（15点）〔大阪〕

今週の（A）土曜日に、駅前の（B）ホールで、私の（C）好きな歌手がコンサートを行う予定だ。

［　　］

3 **次の文章を読んで、あとの問いに答えなさい。**〔静岡―改〕

＊見テ　知リソ　知リテ　ナ見ソ

見てから知るべきである、知ったのちに見ようとしないほうがいい、という意味でしょうが、実はもっと深い意味があるような気がする。つまり、われわれは〈知る〉ということをとても大事なこととして考えています。しかし、ものごとを判断したり、それを味わったりするときには、その予備知識や固定観念がかえって邪魔《じゃま》になることがある。だから、①まず見ること、それに触《ふ》れること、体験すること、そしてそこから得る直感を大事にすること、それが大切なのだ、と言っているのではないでしょうか。

ひとつの美術作品にむかいあうときに、その作家の経歴や、その作品の意図するものや、そして世間でその作品がどのように評価されているか、また、有名な評論家たちがどんなふうにその作品を批評しているか、などという知識が頭の中にたくさんあればあるほど、一点の美術品をすなおに、自分の心のおもむくままに見ることが困難になってくる。それが人間というものなのです。実際にものを見たり接したりするときには、これまでの知識をいったん横へ置いておき、そして裸《はだか》の心で自然に、また無心にそのものと接し、そこからうけた直感を大切にし、そのあとであらためて、横に置いていた知識をふたたび引きもどして、それと照らしあわせる、こんなことができれば素晴《すば》らしいことです。そうできれば、私たちの得る感動というものは、知識の光をうけてより深く、より遠近感を持った、豊かなものになることはまちがいありません。しかし、実はこれはなかなかできないことです。

では、われわれは知る必要がないのか、勉強する必要もなく、知識を得る必要もないのか、というふうに問われそうですが、これもまたちがいます。そのへんが非常に微妙《びみょう》なのですが、柳宗悦《やなぎむねよし》が戒《いまし》めているのは、知識にがんじがらめにされてしまって自由で柔軟《じゅうなん》な感覚を失うな、ということでしょう。おのれの直感を信じて感動しよう、というのです。どんなに偉《えら》い人が、どんなに有名な評論家が、自分とまったく正反対の意見をのべていたり解説をしていたとしても、その言葉に惑《まど》わされるなということです。

作品と対するのは、この世界でただひとりの自分です。自分には自分流の感じかたがあり、見かたがあります。たとえ百万人の人が正反対のことを言っていたとしても、自分が感じたことは絶対なのです。しかし、また、その絶対に安易によりかかってしまうと人間は単なる独断と偏見《へんけん》におちいってしまう。

8 古典の読解

目標時間 10分

時間　　分

月　　日

解答→別冊 36ページ

1 次の文章を読んで、あとの問いに答えなさい。

五月《さつき》五日、*賀茂《かも》のくらべ馬を見侍《はべ》りしに、車の前に雑人《ざふにん》立ち隔《へだ》てて見えざりしかば、おのおのおりて、*埒《らち》のきはに寄りたれど、ことに人多く立ちこみて、分け入りぬべき①やうもなし。

かかる折に、向ひなる*棟《あふち》の木に、法師の登りて、木の股《また》に②ついゐて、物見るあり。とりつきながら、いたう睡《ねぶ》りて、落ちぬべき時に目を醒《さ》ます事、度々なり。これを見る人、*あざけりあさみて、「A*世《よ》のしれものかな。かく危き枝の上にて、安き心ありて睡るらんよ」と言ふに、我が心にふと思ひしままに、「B我等が生死《しやうじ》の到来、ただ今にもやあらん。それを忘れて、物見て日を暮す。愚《おろ》かなる事は、なほまさりたるものを」と言ひたれば、前なる人ども、「Cまことに、さにこそ候ひけれ。もっとも愚かに候」と言ひて、みな後《うしろ》を見かへりて、「ここへ入らせ給へ」とて、*所を去りて、呼び入れ侍りにき。

（「徒然草《つれづれぐさ》」）

*賀茂のくらべ馬…上賀茂《かみがも》神社で行われた競馬。　*埒…柵《さく》。
*棟…栴檀《せんだん》という植物。　*あざけりあさみて…あざけりあきれて。
*世のしれもの…特別の愚か者。　*所を去りて…場所を空けて。

(1) ――線部①・②を現代仮名遣《づか》いに直し、ひらがなで答えなさい。
①［　　　］　②［　　　］

(2) ＝＝線部「人」のあとに省略されている助詞を「が」「を」「に」から一つ選び、答えなさい。［　　　］

(3) 〰〰線部A～Cのうち、筆者の発言を一つ選び、記号で答えなさい。［　　　］

2 次の文章は梁《りょう》の恵王《けいおう》と孟子《もうし》との対話です。これを読んで、あとの問いに答えなさい。

孟子対《こた》ヘテ曰《いは》ク、「王好ムレ戦ヲ。請《こ》フ以テレ戦ヲ喩《たと》ヘン。塡《てん》然《ぜん》トシテ鼓《こ》シレ之《これ》ヲ、兵《へい》刃《じん》既《すで》ニ接シ、棄《す》テレ甲《こう》ヲ曳《ひ》キテレ兵ヲ而走ル。或《ある》モノハ百歩ニシテ而後《のち》止《とど》マル、或モノハ五十歩ニシテ而後止マル。①以テ二五十歩ヲ一笑ハバ二百歩ヲ一、則《すなは》チ何《い》如《かん》ト。」曰ク、②「不可ナリ。直《た》ダ不ル二百歩ナラ一耳。是レ亦タ走ル也。」（「孟子」）

【現代語訳】孟子がお答えして言うのには、「王は戦を好みます。戦にたとえましょう。太鼓《たいこ》を打って、武器を交えて戦いが始まりました。（そのとき）よろいを捨てて武器を引きずって逃《に》げる（者がいました）。ある者は百歩逃げて止まり、ある者は五十歩逃げて止まりました。五十歩逃げた人が百歩逃げた人を笑ったら、どうでしょうか」と。（王は）「［　　］」と言った。

(1) ――線部①を書き下し文に直しなさい。
［　　　　　　］

(2) ――線部②は恵王の言葉である。その内容として最も適切なものを次から選び、記号で答えなさい。［　　　］

ア 五十歩逃げた者のほうが勇敢だ。
イ 百歩逃げた者も止まったので勇敢だ。
ウ どちらも同じようなもので変わらない。

得点アップ
「レ点」は一文字返って読み、「一・二点」は二文字以上返って読む。

7 詩・短歌・俳句の読解

解答⇩別冊 36ページ

1 **次の詩を読んで、あとの問いに答えなさい。**

鹿《しか》　村野四郎《むらのしろう》

鹿は　森のはずれの
夕日の中に　じっと立っていた
彼《かれ》は知っていた
小さい額が狙《ねら》われているのを
けれども　彼に
どうすることが出来ただろう
彼は　すんなり立って
村の方を見ていた
生きる時間が黄金のように光る
彼の棲家《すみか》である
大きい森の夜を背景にして

(1) この詩は、用語・形式の面では何という種類に分類されるか。漢字五字で答えなさい。

[　　　　　]

(2) ――線部で用いられている表現技法として最も適切なものを次から選び、記号で答えなさい。

ア 体言止め　**イ** 倒置　**ウ** 直喩　**エ** 隠喩

[　　]

(3) 次の文の□に入る内容を詩の中から六字で抜き出しなさい。

・もうすぐ命を落とす鹿の力強さと尊さが「□」と表現されている。

[　　　　　　]

2 **次の短歌と俳句を読んで、あとの問いに答えなさい。**

A 向日葵《ひまはり》は金の油を身にあびてゆらりと高し日のちひささよ　前田夕暮《まえだゆうぐれ》

B 思い出の一つのようでそのままにしておく麦わら帽子《ぼうし》のへこみ　俵万智《たわらまち》

C 信濃路《しなのぢ》はいつ春にならん夕づく日入りてしまらく黄なる空のいろ　島木赤彦《しまきあかひこ》

D 白梅にひと日南をあこがれぬ　石川啄木《いしかわたくぼく》

E ほろほろと雨つぶかかる日傘《ひがさ》かな　原石鼎《はらせきてい》

F 梨むくや甘《あま》き雫《しずく》の刃《は》を垂るる　正岡子規《まさおかしき》

(1) A～Cの短歌の中から、二句切れの歌を一つ選び、記号で答えなさい。

[　　]

(2) 次の文に合う短歌を記号で答えなさい。

・夏の間にあちこち出かけた結果、完全な姿が失われてしまったものに思い出を重ね合わせている。

[　　]

(3) Dの俳句の季語と季節を答えなさい。

季語[　　]　**季節**[　　]

(4) E・Fの俳句から切れ字をすべて抜き出しなさい。

[　　]　[　　]

得点アップ
切れ字には、強調や感動の思いが込《こ》められている。

1 **次は、歌手を目指す真由《まゆ》とミチルが急遽《きゅうきょ》リハーサルで歌うことになり、二人を指導する作曲家の高尾《たかお》が指示を出したあとの場面である。この文章を読んで、あとの問いに答えなさい。**

マイクを握《にぎ》った二人ともが、緊張《きんちょう》の面持《おもも》ちで、けれど少しはにかみながら踊《おど》り出す。

①桐絵《きりえ》は目を瞠《みは》った。まるでこの日のために練習してきたかのようだ。ステップも、手の動きも、振《ふ》り付けを忠実になぞっている。

さらには歌いだしたとたん、周囲からどよめきと歓声《かんせい》が上がった。上のパートが真由、下がミチル、迷いもなく二声に分かれている。完《かん》璧《ぺき》なハーモニーと言っていい。

ピンキーガールズの二人のうち、観客席から見て左がユウ、右がマイ。マイのほうが低いパートを歌う。この並び順でなければ、真由もミチルも、こうまで②迷いもなく自分の声に合ったパートを歌うことはできなかったはずだ。桐絵は舌を巻いた。高尾がわざわざ立ち位置を入れ替《か》わらせたのはこのためか。（中略）

サビまで含めてワンコーラスが終わり、どちらもが名残惜《なごりお》しそうにマイクを持つ手を下ろしかけたのに、なんと、オケはそのまま続けて間奏を奏で始めた。おおー、と拍手《はくしゅ》が沸《わ》く中、高尾がニヤリとこちらをふり返り、□二人に向かって顎《あご》をしゃくってよこす。

はっきりと視線を交わし合った真由とミチルが、笑み崩《くず》れながら二番を歌い始めた。

③信じがたい光景を、桐絵は息を呑《の》んで見つめていた。まさかあの二人が――犬と猿《さる》とまで言われた真由とミチルが、ともに笑顔で歌って踊《おど》る場面がめぐってこようとは。

（村山由佳《むらやまゆか》「星屑《ほしくず》」）

記述
(1) ――線部①「桐絵は目を瞠った」とあるが、どうしてか。次の文の□に入る内容を、「忠実」という言葉を使って答えなさい。

・二人の踊る姿が、練習してきたかのように□から。

［　　　　　　　　　　］

(2) ――線部②「迷いもなく自分の声に合ったパートを歌う」ことができたのはどうしてか。「から。」という言葉に続くように、本文中から十九字で探し、はじめとおわりの五字を抜き出しなさい。

□□□□□～□□□□□から。

(3) 本文中の□に入る言葉として最も適切なものを次から選び、記号で答えなさい。

ア 笑う　**イ** 怒る　**ウ** 戸惑《とまど》う　**エ** 悲しむ

［　　］

(4) ――線部③「信じがたい光景」だと桐絵が感じたのはどのような場面か。本文中から三十一字で探し、はじめとおわりの五字を抜き出しなさい。

□□□□□～□□□□□

得点アップ
登場人物の描写《びょうしゃ》や行動をもとに感情を読み取ろう。

5 説明的文章の読解

目標時間 10分

時間　　分

月　　日

解答 別冊35ページ

1 次の文章を読んで、あとの問いに答えなさい。

以前の私は、子供の頃《ころ》に覚えたダーウィンの進化論、簡単に述べれば、生物たちは環境《かんきょう》に適応しながら進化をとげてきたという説を、真理だと思いこんできた。なぜなら、子供の頃に読んだその分野の本には、どれにもそう書いてあったからである。ところが①ある時期から、それもまたひとつの仮説にすぎないのだと思うようになった。ダーウィンの進化論が真理だとするだけの確実な証拠《しょうこ》はないことを、知るようになったのである。②今日の生物進化の理論には、主流をしめる修正ダーウィン理論、共生的進化の理論などいくつかの説があり、神が生物を創造したとする創造説も、アメリカなどでは結構根強いものがある。私は生物学者ではないから、自分でこの問題を研究することはない。その立場から述べれば、生物進化に関するすべての理論は、今日なお仮説以上のものではなく、何が真理かは確認されていないと考えておくことが、一番妥当《だとう》なのである。ところが、にもかかわらず以前の私は、③ダーウィンの進化論的な視点から、生物界をみていた。進化の遅れた生物、進んだ生物という観念も受け入れてきた。しかし、いまではそれは誤りだったのではないかと感じている。少なくとも、生物には遅れた生物も、進んだ生物も存在せず、それぞれの生物が大きな共生関係を結びながら、それぞれの世界を十分に生きているのだと思うようになった。そして、④そう考えるようになって、はじめて、十分に生きている生き物たちの、自由さがわかるようになった。

（内山節《うちやまたかし》「自由論――自然と人間のゆらぎの中で」）

(1) ――線部①「ある時期」について説明した次の文の□に入る内容を本文中から十七字で探し、はじめの五字を抜《ぬ》き出しなさい。

・ダーウィンの進化論について、それが□ことを知った時期。

□□□□□

記述 (2) ――線部②「今日の生物進化の理論」について、筆者はどのように考えておくとしているか。筆者の立場を明らかにして答えなさい。

〔　　〕

(3) ――線部③「ダーウィンの進化論的な視点」の説明として最も適切なものを次から選び、記号で答えなさい。〔　　〕

ア 生物は、環境に適応したものしか生き残らない視点。

イ 生物は、環境に適応して進化するものだという視点。

ウ 生物は、神が創造し、環境により変わるという視点。

(4) ――線部④「そう」が示す内容を本文中から三十八字で探し、はじめとおわりの五字を抜き出しなさい。

□□□□□～□□□□□

得点アップ

筆者の考えの変化や筆者の主張をつかもう。

文法②

目標時間 10分

時間　　分

月　　日

解答⇩別冊34ページ

1 次の――線部の「の」のうち、働きが異なるものを一つ選び、記号で答えなさい。

ア 明日の天気をニュースで確認する。
イ 今日買ったのは、英語の辞典です。
ウ 夜になると犬の遠吠《とおぼ》えが聞こえる。
エ もう少し大きいのを探してください。

2 次の文の――線部の助動詞の働きをそれぞれあとから選び、記号で答えなさい。

(1) 色づく葉を見ると、秋が思われる。
(2) 買ってきた本を弟に取られる。
(3) 大臣が聴衆《ちょうしゅう》に向かって話される。
(4) 僕《ぼく》は、たった今、家に着いた。
(5) このパンは、まるでケーキのようだ。
(6) もうすぐ雨が降りそうだ。
(7) 先ほどまで雨だったそうだ。
(8) 来週、転校生が来るらしい。
(9) 今度こそ頂上まで行こう。
(10) もう強い風は吹《ふ》くまい。

ア 受け身　イ 比喩　ウ 尊敬　エ 様態
オ 推定　カ 意志　キ 伝聞　ク 完了《かんりょう》
ケ 自発　コ 打ち消しの推量

3 次の――線部のうち、「明日から読書週間だ。」の「だ」と品詞の働きが同じものを一つ選び、記号で答えなさい。

ア 紙飛行機が飛んだ。
イ この先は行き止まりのようだ。
ウ きっと明日は晴れだ。
エ 人里離《はな》れた山の中は静かだ。

4 次の――線部のうち、「この先には入れない。」の「ない」と品詞が同じものを一つ選び、記号で答えなさい。

ア 全部使ってしまってどこにもない。
イ 皮をむかなければ食べられない。
ウ ここから学校までは遠くない。
エ すぐ捨てるのはもったいない。

5 次の――線部の言葉をそれぞれ尊敬語に直しなさい。

(1) 先生が言う。
(2) 市長が食べる。

6 次の――線部の言葉をそれぞれ謙譲語《けんじょう》に直しなさい。

(1) 私が行く。
(2) 弟が言う。

得点アップ
尊敬語は相手の言動に、謙譲語は自分や身内の言動に用いる。

3 文法 ①

主語 述語

目標時間 10分

時間　　分

月　　日

解答→別冊34ページ

1

次の文の文節の数をそれぞれ漢数字で答えなさい。

(1) 今日の気温は本格的な夏を感じさせる。

(2) 電車が山間をぬうように走っていた。

2

次の文の――線部の文の成分をそれぞれあとから選び、記号で答えなさい。

(1) 昨日は雨が降ったので、地面が濡《ぬ》れている。

(2) わたあめのような雲が空に浮《う》かんでいる。

(3) 思ったよりも遠くに来たものだ。

(4) こんにちは、今日もいい天気ですね。

ア 主語　イ 主部　ウ 接続語
エ 接続部　オ 独立語　カ 独立部
キ 連体修飾語　ク 連体修飾部
ケ 連用修飾語　コ 連用修飾部

3

次の文の二つの――線部の関係をそれぞれあとから選び、記号で答えなさい。

(1) 昨日 見た映画の感想を話す。

(2) 虹《にじ》が雨上がりの空にかかる。

(3) 買ったばかりの ノートを使う。

(4) みそと しょうゆを入れる。

ア 主・述の関係　イ 連体修飾・被修飾の関係
ウ 並立の関係　エ 連用修飾・被修飾の関係

4

次の――線部の品詞名をそれぞれあとから選び、記号で答えなさい。

(1) 人々が広場から出ていき、静かになった。

(2) 大きな木に集まる昆虫《こんちゅう》を撮影《さつえい》する。

(3) 朝から雪だった。しかし、遊びに出かけた。

(4) まるでヒマワリのように明るい人物だ。

(5) 去年のお気に入りの服が今年はきつい。

ア 副詞　イ 連体詞　ウ 接続詞
エ 動詞　オ 形容詞　カ 形容動詞

5

次の文の――線部の動詞の活用の種類と活用形をそれぞれあとから選び、記号で答えなさい。

(1) 朝はサンドイッチを食べた。

(2) したいなら一緒《いっしょ》にすればいい。

(3) 修理したのでよく機械が動く。

(4) つきたてで、よく伸《の》びる餅《もち》。

(5) 私に遅《おく》れずに来い。

ア 上一段活用　イ 下一段活用　ウ 五段活用
エ カ行変格活用　オ サ行変格活用
カ 未然形　キ 連用形　ク 終止形
ケ 連体形　コ 仮定形　サ 命令形

得点アップ

動詞・形容詞・形容動詞は言い切りの形にして考える。

2 漢字・語句 ②

目標時間 10分

時間　　分

月　　日

解答 別冊33ページ

1 次の熟語の類義語をそれぞれあとから選び、記号で答えなさい。

(1) 簡単［　］　(2) 案外［　］
(3) 永遠［　］　(4) 安全［　］
(5) 達成［　］　(6) 有名［　］

ア 意外　イ 容易　ウ 永久
エ 著名　オ 成就《じょうじゅ》　カ 無事

2 次の熟語の対義語をそれぞれあとから選び、記号で答えなさい。

(1) 往路［　］　(2) 温暖［　］
(3) 支出［　］　(4) 増加［　］
(5) 利益［　］　(6) 信頼《しんらい》［　］

ア 収入　イ 不信　ウ 減少
エ 損失　オ 寒冷　カ 復路

3 次のことわざの意味をそれぞれあとから選び、記号で答えなさい。

(1) 石の上にも三年［　］　(2) 鬼《おに》に金棒［　］
(3) 馬の耳に念仏［　］　(4) 住めば都［　］

ア いくら意見を言っても聞き入れない。
イ つらいこともがまんしていると報《むく》われる。
ウ どんなところでも、住んでいるうちによいところだと思うようになる。
エ 強い者がさらに強いものを得る。

4 次のことわざと同じ意味のことわざをそれぞれあとから選び、記号で答えなさい。

(1) 泣きっ面《つら》に蜂《はち》［　］　(2) 善は急げ［　］
(3) 河童《かっぱ》の川流れ［　］　(4) 猫《ねこ》に小判［　］

ア 弱り目にたたり目　イ 先んずれば人を制す
ウ 豚《ぶた》に真珠《しんじゅ》　エ 弘法《こうぼう》にも筆の誤り

5 次の慣用句の□に入る漢字一字を答えなさい。

(1) □によりをかける［　］
(2) □で鼻をくくる［　］
(3) □に入れても痛くない［　］
(4) □塩にかける［　］
(5) □が置けない［　］

6 次の意味を表す故事成語をそれぞれあとから選び、記号で答えなさい。

(1) 出世への糸口となる大事な関門。［　］
(2) 無用なつけたし。［　］
(3) しなくてもよい心配をすること。［　］
(4) 二者が争っている間に別の人が得をする。［　］

ア 蛇足《だそく》　イ 漁夫の利　ウ 登竜門《とうりゅうもん》　エ 杞憂《きゆう》

得点アップ
共通の言葉を用いたことわざや慣用句は、まとめて覚えよう。

1 漢字・語句 ①

目標時間 10分

時間　分

月　日

解答→別冊33ページ

1 次の漢字の部首名をそれぞれあとから選び、記号で答えなさい。

(1) 私［　］ (2) 打［　］
(3) 祖［　］ (4) 限［　］
(5) 熱［　］ (6) 利［　］
(7) 化［　］ (8) 肝［　］
(9) 痛［　］ (10) 顔［　］
(11) 都［　］ (12) 快［　］

ア こざとへん　イ てへん　ウ れんが（れっか）
エ にんべん　オ にくづき　カ おおがい
キ りっとう　ク おおざと　ケ しめすへん
コ やまいだれ　サ のぎへん　シ りっしんべん

2 次の漢字の総画数は何画か。漢数字で答えなさい。

(1) 絵［　］画 (2) 延［　］画
(3) 防［　］画 (4) 版［　］画
(5) 優［　］画 (6) 逆［　］画

3 次の漢字の赤字部分は何画目に書くか。漢数字で答えなさい。

(1) 飛［　］画目 (2) 冊［　］画目
(3) 右［　］画目 (4) 希［　］画目
(5) 必［　］画目 (6) 犯［　］画目

4 次の熟語の構成をそれぞれあとから選び、記号で答えなさい。

(1) 豊富［　］ (2) 曲線［　］
(3) 市営［　］ (4) 非常［　］
(5) 縦横［　］ (6) 出港［　］

ア 似ている意味の字を重ねたもの。
イ 主語・述語の関係になっているもの。
ウ 上の字が動作、下の字が目的や対象のもの。
エ 反対の意味の字を重ねたもの。
オ 上の字が下の字を修飾しているもの。
カ 否定の語が上についているもの。

5 次の熟語と構成が同じものをそれぞれあとから選び、記号で答えなさい。

(1) 絵画　ア 登山　イ 冷水　ウ 温暖　エ 開閉［　］
(2) 左右　ア 校則　イ 売買　ウ 着席　エ 年長［　］
(3) 在宅　ア 骨折　イ 不安　ウ 理性　エ 洗顔［　］

得点アップ
「絵」と「画」は、ともに描《か》いたものを表す。

3 説明的文章の読解

↓ 73ページ

指示語

①「これ」「それ」など、主にすでに書かれた内容や言葉を指し示す。

②指し示すものは**指示語より前に書かれていることが多い。**

接続語

①語句と語句、文と文、段落と段落などをつなぎ、それらがどのような関係でつながっているかを示す言葉。

②接続語の働きを押《お》さえる。

- **順接**…前に理由、あとに順当な結果が続く。　例 だから
- **逆接**…反対の内容をつなぐ。　例 だが
- **並立・累加《るいか》**…並べる・付け加える。　例 しかも
- **対比・選択《せんたく》**…比べる・選ぶ。　例 あるいは
- **説明**…あとに説明・言いかえなどを続ける。　例 ただし
- **転換《てんかん》**…話題を変える。　例 さて

4 文学的文章の読解

↓ 72ページ

小説

①直接的な表現や間接的な表現などをヒントにして、心情を読み取る。

②作者が伝えようとしている主題を、登場人物の心情の変化や山場での言動などから読み取る。

5 詩・短歌・俳句の読解

↓ 71ページ

詩

①用語の分類（**文語詩・口語詩**）と、形式の分類（**定型詩・自由詩**）を押さえる。

②主な表現技法を押さえる。

- 比喩…何かにたとえる。**直喩・隠喩《いんゆ》・擬人法《ぎじん》**などがある。
- 倒置《とうち》…**強調**などのために、**言葉の順序を入れかえる。**
- 体言止め…**文末**を体言で止める。

短歌・俳句

①**短歌**…五・七・五・七・七の三十一音からなる。句切れという、意味が切れる部分があるのが特徴《とくちょう》。

②**俳句**…五・七・五からなる。季節を表す季語や、「**かな・けり・ぞ・や**」などの切れ字があるのが特徴。

6 古典の読解

↓ 70ページ

古文

①歴史的仮名遣《づか》いを現代仮名遣いに直すためのルールを押さえる。

②古文でよく用いられる重要な**古語**を覚える。

③係り結び…文中に「**ぞ・なむ・や・か・こそ**」があることにより、**結びの活用形が変わる。**

国語 最重要ポイント

1 漢字・語句

↓ 77〜76ページ

二字熟語の構成

①似ている意味の字を重ねたもの。 例 尊敬・絵画
②反対の意味の字を重ねたもの。 例 得失・強弱
③上の字が下の字を修飾《しゅうしょく》しているもの。 例 牛乳・国旗
④上の字が動作、下の字が目的や対象のもの。 例 作文・通学
⑤主語・述語の関係になっているもの。 例 人造・腹痛
⑥否定の語が上についているもの。 例 不利・無人

2 文法

↓ 75〜74ページ

文の成分

①主語…「何が」「誰《だれ》が」を表す一文節。
②述語…「何だ」「どうする」「どんなだ」を表す一文節。
③修飾語…ほかの文節を説明する働きを持つ。
④接続語…文や文節などをつなぐ働きを持つ。
⑤独立語…ほかの文節と直接の関係がないもの。
※二文節以上が右記の働きをする場合は、「主部」などのように表す。

文節どうしの関係

①**主・述の関係**…「何が・何だ」などの関係。
②**修飾・被《ひ》修飾の関係**…修飾する・修飾される関係。
③**接続の関係**…接続語と、あとの文節との関係。
④**独立の関係**…独立語と、それ以外の文節との関係。
⑤**並立《へいりつ》の関係**…複数の文節が対等に並んでいる関係。

品詞の種類

①文節は、言葉の最小単位である単語に分けることができる。
②単語は働きによって、動詞・形容詞・形容動詞・名詞・副詞・連体詞・接続詞・感動詞・助動詞・助詞の**十種類**の品詞に分けられる。
③助動詞・助詞を除く八種類の品詞のことを自立語といい、助動詞・助詞のことを付属語という。また、動詞・形容詞・形容動詞のことを用言、名詞のことを体言という。
④**助動詞**…用言や体言につき、特定の意味を添《そ》える。
例 **「れる・られる」**…受け身／尊敬／自発／可能
「ようだ」…推定／比喩《ひゆ》／例示
「う・よう」…推量／意志
⑤**助詞**…**格助詞・接続助詞・副助詞・終助詞**などがある。
例「が」「を」「のに」「ばかり」

高校入試に向けて

おわったー！
よくがんばったのう。次は入試に向けての準備を始めていかんとな。
入試かー。何だか大変そう…
何からすればいいのかな？
合格
な〜に案ずるでない。これを見よ！
入試への準備3か条！
その1．志望校を決める！
その2．模試を受ける！
その3．勉強の計画を立てる！
合格
すご！
では、ひとつひとつ説明していくぞい。
合格
1．志望校を決める！
合格
まずは志望校を決めんとな。選ぶ学校によって勉強の方法も変わってくるからのお。
2．模試を受ける！
合格
偏差値
A高校 55
私 50
差は5
次に模試を受けるのじゃ。そうすれば自分の偏《へん》差《さ》値《ち》がわかり、志望校と比べてどのくらい差があるか一目瞭然《りょうぜん》じゃ。
3．勉強の計画を立てる！
計画表
最後に計画じゃ！計画を立てんと効率よく勉強できんからのお。大まかな計画で良いから受験日から逆算して考えてみるのじゃ。
さあこれができればおぬしたちの志望校合格への道がみえてくるぞい！
よーしがんばるぞー
しっかり準備しよ！

ひっぱると、はずして使えます。

10分完成

中学1·2年の

5科

総復習ドリル

解答・解説

解答・解説

社会

1 世界と日本のすがた

→ 本冊 p.6

1 (1) 本初子午線

(2) Y…ユーラシア(大陸)　Z…インド洋

(3) アジア州・ヨーロッパ州〔順不同〕

(4) 例 国境がすべて海上にある海洋国(島国)である。

2 (1) **ア**

(2) 北方領土

(3) 4(月)1(日)午前5(時)

(4) 北東に位置する都市…ニューヨーク

最も遠い都市…ブエノスアイレス

解説

1 (1)経線は、北極と南極を結んだ線。**本初子午線**は、イギリスのロンドン郊外《こうがい》の旧グリニッジ天文台を通る経度0度の経線で、すべての国の時間を決める基準となる線である。

(2) Y は六大陸のうち、最も面積の大きい大陸。Z は三大洋のうち、最も面積の小さい海洋。

(3)世界の6つの州は、日本が含《ふく》まれる**アジア州**、**ヨーロッパ州**、**アフリカ州**、**北アメリカ州**、**南アメリカ州**、**オセアニア州**。

(4) Q で示した3つの国は、アイスランド、フィリピン、ニュージーランド。

2 (2)日本の北端《ほくたん》の島は択捉《えとろふ》島。

(3)ロンドンは経度0度の本初子午線、日本は東経135度の経線を**標準時子午線**としている。経度15度ごとに1時間の時差が生じるので、日本とロンドンの時差は135÷15＝9(時間)。日本のほうが9時間進んでいる。

(4)東京からの正しい方位と距離《きょり》は、**正距方位図法**で確認する。地図は北を上に描《えが》かれている。

POINT 六大陸と三大洋の位置と名前はよく出るので注意。正距方位図法は、見方を覚えておこう。

2 世界のさまざまな地域 ①

→ 本冊 p.7

1 (1) X…ヒマラヤ山脈

Y…ペルシア湾《わん》

(2) 風…季節風(モンスーン)

季節…夏

(3) A…**イ**　B…**ア**　C…**エ**

(4) ICT(情報通信技術)産業

2 (1) X…アルプス山脈

Y…ライン川

(2) 例 暖流の上を吹《ふ》く偏西風《へんせいふう》の影響《えいきょう》で、高緯度《いど》のわりに暖かい。

(3) ① EU　②混合農業

解説

1 (1) X のヒマラヤ山脈には、世界一高いエベレスト山があり、「**世界の屋根**」とも呼ばれる。Y のペルシア湾は原油の産地である。

(2)**季節風**は、夏は海洋から大陸へ、冬は大陸から海洋に吹く風。夏の季節風は、アジアの一部地域に多くの雨をもたらす。

(3) A はサウジアラビア、B はインド、C はタイ。**イスラム教**は、西アジアや中央アジアで信仰《しんこう》されている。インドでは、民族宗教である**ヒンドゥー教**、タイでは**仏教**の信仰が多い。

2 (1) X のアルプス山脈の北側では酪農《らくのう》、南側では**混合農業**が行われている。Y のライン川は、流域の国々が自由に通行できる**国際河川**である。

(2)偏西風は、**西岸海洋性気候**を特徴《とくちょう》づける。

(3)①**ヨーロッパ連合**(EU)は、2024年4月現在、ヨーロッパの27か国が加盟している。1993年の成立後、加盟国は増加し続けたが、2020年1月にイギリスが初めて離脱した。

POINT 偏西風と北大西洋海流の影響を受けた西岸海洋性気候の記述問題がよく出る。EU の歩み、課題についても整理しておく。

3 世界のさまざまな地域 ②

→ 本冊 p.8

1 (1) **イ**　(2) **ア**

(3) レアメタル

2 (1) シリコンバレー

(2) ヒスパニック

(3) 例 気候や地形などに適した農作物を栽《さい》培《ばい》すること。

(4) Q…アマゾン川

R…アンデス山脈

(5) **ア・エ**〔順不同〕

3 (1) アボリジニ

(2) イギリス

解説

1 (1)赤道は、緯《い》度《ど》0度の緯線。アフリカの中央部を通る。

(2)ナイジェリアは原油の輸出にたよる**モノカルチャー経済**の国である。

(3)クロムやマンガンなどのこと。

2 (1)サンフランシスコ郊外《こうがい》の**シリコンバレー**には、ICT（情報通信技術）産業や先端《せんたん》技術産業が集まっている。

(2)スペイン語を話す人々のことである。

(3)アメリカ合衆国は国土が広いので、自然条件に合った農作物を栽培している。

(4) Qは、世界で最も流域面積が広いアマゾン川。流域の開発が進み、熱帯林の減少が問題になっている。Rはアンデス山脈。ラパスやリマなどの**高山気候**に属する都市がある。

(5) Yはブラジル。さとうきびを原料とする**バイオエタノール**の生産がさかん。

3 (1)オーストラリアの先住民アボリジニと、ニュージーランドの先住民マオリは区別しておこう。

POINT 五大湖沿岸部や北緯37度以南のサンベルトと呼ばれる地域の工業都市、そこでの工業の種類を確認しておこう。

4 地域調査と日本の地域的特色

→ 本冊 p.9

1 (1) 2万5千分の1

(2) 2(km)

(3) **イ**

(4) **X**

2 (1) **b**

(2) 少子高齢《こうれい》化《か》

(3) ①**エ**　②**ウ**

(4) 例 暖かい気候を利用して、出荷時期を早める促成栽培《そくせいさいばい》が行われている。

解説

1 (1)等高線に注目する。太い等高線（計曲線）が50mごと、細い等高線（主曲線）が10mごとに引かれていることから、2万5千分の1地形図と判断できる。5万分の1地形図では、計曲線が100mごと、主曲線が20mごとに引かれている。

(2)実際の距離《きょり》は、地形図の縮尺の分母×地形図上の長さで求められる。2万5千分の1地形図上の8cmなので、
25000×8(cm)＝200000(cm)＝2000(m)＝2(km)。

(3)地図の右下に神社の地図記号がある。そのほか、地図に描《えが》かれている地図記号は針葉樹林、広葉樹林、荒《あ》れ地である。

(4)等高線の間隔《かんかく》が広いほうが傾斜《けいしゃ》が緩《ゆる》やかで、狭《せま》いほうが傾斜が急である。

2 (1)冬の降水量が多いので日本海側の気候と判断する。aの札幌《さっぽろ》は北海道の気候、cの名《な》古《ご》屋《や》は太平洋側の気候、dの岡山は瀬《せ》戸《と》内《うち》の気候。

(3)**ア**は機械工業の割合が最も高いことから中京工業地帯、**イ**は金属が多い阪神工業地帯、**ウ**は化学が多い瀬戸内工業地域、**エ**は京浜《けいひん》工業地帯。

(4) Xは高知平野、Yは宮崎平野。

POINT 地形図の実際の距離の求め方や等高線の見方についてはよく出るので理解しておく。

5 日本の諸地域 ①

本冊 p.10

1 (1) カルデラ

(2) 地熱発電

(3) **ア**

2 (1) 本州四国連絡橋《れんらくきょう》

(2) 過疎《かそ》

(3) 例 古い町並みを保存し、景観を保つため。

3 (1) X…日本アルプス　Y…信濃《しなの》川

(2) 例 雪で農作業ができない間の副業として発達したから。

(3) **イ**

(4) **ウ**

解説

1 (1) X は阿蘇《あそ》山。世界でも最大級のカルデラをもち、カルデラには集落もある。

(2) Y は八丁原《はっちょうばる》地熱発電所。地熱発電は、発電するときに二酸化炭素を出さず、枯渇《こかつ》する心配のない再生可能エネルギーで、火山の多い日本で得られやすい発電である。

(3) Z は**シラス台地**。火山灰地で水もちが悪く、農業に向かない土地だったが、かんがいが整備され、現在は畜産《ちくさん》がさかん。

2 (1)東から、神戸《こうべ》—鳴門《なると》ルート(明石海峡《あかしかいきょう》大橋、鳴門大橋)、児島《こじま》—坂出《さかいで》ルート(瀬戸《せと》大橋)、尾《おの》道《みち》—今治《いまばり》ルート(瀬戸内しまなみ海道)である。

(2)過疎の地域では、病院などの廃止《はいし》、学校の統廃合、鉄道やバス路線の廃止などが見られる。

3 (1) X は飛驒《ひだ》山脈、木曽《きそ》山脈、赤石《あかいし》山脈である。Y は日本で最も長い川である。

(3) Z は甲府盆地《こうふぼんち》。

(4)愛知県を中心とする工業地帯は中京工業地帯で、輸送機械の割合が高い。

POINT 中部地方の地域区分、日本アルプスの名称はよく出る。東海・中央高地・北陸の地域別の産業の特色を確認しておこう。

6 日本の諸地域 ②

本冊 p.11

1 (1) X…利根《とね》川　Y…関東ローム

(2) 例 通勤や通学のため、周辺の県から東京に人が集まるため。

(3) 京葉工業地域

(4) 近郊《きんこう》農業

2 (1) 風…やませ　自然災害…冷害

(2) **ウ**

3 (1) アイヌ

(2) X…**イ**　Y…**ア**　Z…**エ**

解説

1 (1) X の利根川は、日本で最も流域面積の広い川である。

(2)東京都は日本の首都で、政治的、経済的、文化的中心である。官公庁や、大企業《だいきぎょう》の本社、新聞社や放送局、大学などが集まっており、周辺の県から通ってくる人が多い。

(3) Z は千葉県の東京湾《わん》に面する地域に広がっていることから、京葉工業地域。ほかの工業地域に比べて、化学工業の割合が高いことが特《とく》徴《ちょう》である。

2 (1) X の**やませ**は、寒流である千島《ちしま》海流(親潮)の上を吹《ふ》いてくるため、冷たい風をもたらし、夏に気温が上がらず、**冷害**を引きおこすことがある。

(2)**ア**の西陣織《にしじんおり》は京都府、**イ**の輪島塗《わじまぬり》は石川県、**エ**の天童将棋駒《てんどうしょうぎごま》は山形県の伝統的工芸品である。

3 (1)明治時代以降、北海道の開拓《かいたく》が始まり、アイヌの人々は土地や文化を奪《うば》われていった。現在は、「アイヌ民族支援《しえん》法」が制定され、アイヌ文化の保護が行われている。

(2) X は石狩《いしかり》平野、Y は十勝《とかち》平野、Z は根釧《こんせん》台地である。

POINT 日本最大の関東平野と利根川、関東ロームはよく出る。関東に広がる工業地帯・地域の特徴を整理し、確認しておこう。

7 古代までの日本

→ 本冊 p.12

1 (1) A…**イ・エ**　B…**ア・カ**

C…**ウ・オ**〔それぞれ順不同〕

(2) ムハンマド

2 (1) ①聖徳太子《しょうとくたいし》(厩戸皇子《うまやどのおうじ》)

②**ウ**

(2) ①例 仏教にたよって国家を守るため。

②班田収授法《はんでんしゅうじゅのほう》

(3) ①摂関《せっかん》政治

②**エ**

解説

1 (1) A はエジプト文明、B はメソポタミア文明、C は中国文明。

(2) X はアラビア半島で、ムハンマドが世界三大宗教の１つであるイスラム教を開いた。三大宗教は、ほかにキリスト教は紀元前後にイエスが、仏教は紀元前６世紀にインドでシャカ(釈迦《しゃか》)が始めた。

2 (1)資料Ⅰは**十七条の憲法**。**聖徳太子**が、天皇中心の国づくりのため、役人の心得を定めたものである。

(2)①資料Ⅱは東大寺の大仏(盧舎那仏《るしゃなぶつ》)である。**聖武《しょうむ》天皇**のころ、貴族の反乱や伝染病が流行し、社会不安が大きくなった。

②６年ごとにつくられる戸籍《こせき》にしたがって、６歳《さい》以上の男女に**口分田《くぶんでん》**が与《あた》えられ、租《そ》などの税を負担させた。

(3)①この歌は、**藤原道長《ふじわらのみちなが》**の三女が天皇のきさきになった日によまれた歌である。藤原氏は、娘《むすめ》を天皇のきさきにし、生まれた子を天皇にして、天皇が幼いときは**摂政《せっしょう》**、成人してからは**関白《かんぱく》**に就いて政治を行った。

②清少納言《せいしょうなごん》は『枕草子《まくらのそうし》』の著者、藤原定家《さだいえ》は『新古今《こきん》和歌集』、紀貫之《きのつらゆき》は『古今和歌集《ていか》』の撰者である。

POINT 摂関政治は藤原道長・頼通《よりみち》のときに最盛期を迎《むか》えたが、道長は関白になっていないことに注意。

8 中世の日本

→ 本冊 p.13

1 (1) X…**ア**　Y…**エ**　Z…**イ**

(2) A…**エ**

D…**ア**

(3) 北条泰時《ほうじょうやすとき》

(4) 例 将軍のために戦ったのに、御恩《ごおん》としての土地や恩賞がもらえなかったから。

(5) **ウ**

(6) ①下剋上《げこくじょう》

②**イ**

(7) 書院造《しょいんづくり》

解説

1 (1)**ウ**の**天武《てんむ》天皇**は、大海人皇子《おおあまのおうじ》として壬申《じんしん》の乱に勝利して、天皇の位についた。

(2) A の**平清盛《たいらのきよもり》**は、神戸《こうべ》の港(兵庫の港、大輪田《おおわだの》泊《とまり》)を整備して、宋《そう》と貿易を行った。利益は平氏の繁栄《はんえい》を経済的に支えた。D の**足利義満《あしかがよしみつ》**は、**倭寇《わこう》**の取り締《し》まりを条件に、明《みん》と貿易を行った。正式な貿易船と倭寇とを区別するために、勘合《かんごう》が用いられたので、日明貿易のことを**勘合貿易**ともいう。

(3)御成敗式目《ごせいばいしきもく》は武家の慣習をまとめた、裁判の基準となる法。長く武家社会の手本とされた。

(4)鎌倉《かまくら》時代の将軍と御家人《ごけにん》は、土地を媒介《ばいかい》とする**御恩**と**奉公《ほうこう》**の関係で結ばれていた。このしくみを封建《ほうけん》制度という。

(5)**ア**の**雪舟《せっしゅう》**は室町《むろまち》時代に水墨《すいぼく》画を大成した人物、**イ**の**出雲《いずも》の阿国《おくに》**は、安土桃山《あづちももやま》時代に歌舞伎踊《かぶきおど》りを始めた人物、**エ**の**運慶《うんけい》**は鎌倉時代に東大寺南大門に設置されている金剛《こんごう》力士像をつくった人物である。

(6)②**ア**は鎌倉時代、**ウ**は室町時代の都市のようす、**エ**は江戸《えど》時代の農村のようす。

(7)現代和風建築のもととなった建築様式で、畳《たたみ》や障子《しょうじ》、ふすまなどが見られる。

POINT 御恩は、領地を与えたり、保護すること。奉公は、将軍のために戦うこと。

9 近世の日本

→ 本冊 p.14

1 (1) 十字軍

(2) **B**

(3) 鉄砲《てっぽう》

2 (1) ①刀狩《かたながり》

②兵農分離《ぶんり》

(2) 武家諸法度《ぶけしょはっと》

(3) ①**ウ**

②**エ**

(4) **ア**

解説

1 (1)地図中のXはエルサレム。ユダヤ教、キリスト教、イスラム教の3つの宗教の聖地で、十字軍は、イスラム勢力がエルサレムを占領《せんりょう》した際、取り戻《もど》すために組織された。

(2) A は**コロンブス**、C は**マゼラン**船隊の航路である。バスコ＝ダ＝ガマは 1498 年にアフリカ南端《なんたん》の喜望峰《きぼうほう》をまわってインドに到達《とうたつ》した。

(3) Y はポルトガル。鹿児島県の種子島《たねが》に漂着《ひょうちゃく》したポルトガル人が、日本に鉄砲を伝えた。

2 (1)①農民から武器を取り上げ、一揆《いっき》をおこさせないようにした。

②**太閤《たいこう》検地**は、土地を耕作する農民を検地帳に記載《きさい》し、記載された農民が年貢《ねんぐ》を納めることとした。農民は耕作する権利を得るとともに、年貢を納める義務を負った。

(2)江戸《えど》幕府3代将軍**徳川家光《とくがわいえみつ》**は、**武家諸法度**に**参勤交代《さんきんこうたい》**の制度を追加した。

(3)①**ア**は**田沼意次《たぬまおきつぐ》**の政治、**イ**は**松平定信《まつだいらさだのぶ》**の**寛政《かんせい》の改革**、**エ**は**水野忠邦《みずのただくに》**の**天保《てんぽう》の改革**の内容。

②**ア**の**杉田玄白《すぎたげんぱく》**はオランダ語の人体解剖書《かいぼうしょ》を翻訳《ほんやく》して『解体新書』を出版した人物、**ウ**の**松尾芭蕉《まつおばしょう》**は俳諧《はいかい》を芸術の域まで高め『奥《おく》の細道《ほそみち》』を著した人物、**エ**の**本居宣長《もとおりのりなが》**は『古事記伝《こじきでん》』を著して国学を大成した人物。

POINT 徳川吉宗《とくがわよしむね》の享保《きょうほう》の改革、松平定信の寛政の改革、水野忠邦の天保の改革は内容を区別しておこう。

10 開国と近代日本の歩み

→ 本冊 p.15

1 (1) a…**ウ**　b…**イ**　c…**ア**

(2) **イ**

2 (1) **ア・エ**〔順不同〕

(2) **エ**

(3) 例 税率を地価を基準に定めることで、財政が安定した。

(4) 富岡《とみおか》製糸場

(5) **ウ**

解説

1 (1) a の**名誉《めいよ》革命**はイギリスでおこった革命。権利章典によって、議会政治、立憲君主制が成立した。c の**フランス革命**の際に出された**人《じん》権宣言《けんせんげん》**では、人間の平等と国民主権などがうたわれた。**エ**の**奴隷《どれい》解放宣言**は、アメリカの**南北戦争**の際、北部の指導者であったリンカンが出したものである。

(2)江戸幕府は、大国だと思っていた清《しん》がイギリスに敗れたことを知って、方針を転換《てんかん》した。**ア**の**太平天国《たいへいてんごく》の乱**は、1851 年に洪秀全《こうしゅうぜん》《ホンシウチュワン》が漢民族の国を打ち立てようとした乱、**ウ**は 1857 年にインドでイギリスの支配に対しておこった反乱である。

2 (1)**ア**は函館《はこだて》、**エ**は下田《しもだ》である。

(3)**地租《ちそ》改正**の前までは、その年の収穫《しゅうかく》量の約3割を稲《いね》で納めていたので、豊作や不作によって財政が安定しなかった。土地の値段である地価を基準に、現金で税金を納めるようにしたことで、国家の財政が安定した。

(4)**殖産《しょくさん》興業**の政策では、交通や通信網《もう》の整備なども行われた。

(5)**伊藤博文《いとうひろぶみ》**は、大日本帝国《ていこく》憲法の草案をつくり、初代内閣総理大臣になった人物である。

POINT 不平等条約の改正では下の2人の外相を覚えておこう。

陸奥宗光《むつむねみつ》…1894 年、領事裁判権の撤廃《てっぱい》

小村寿太郎《こむらじゅたろう》…1911 年、関税自主権の回復

11 2度の世界大戦と日本

→ 本冊 p.16

1 (1) X…二十一か条の要求　Y…満州事変《まんしゅうじへん》

Z…ポツダム宣言

(2) 米騒動《そうどう》

(3) **イ**

(4) **ウ**

(5) 例 社会主義の国で、五か年計画という計画経済を行っていたから。

(6) 例 満州国の建国が認められなかったから。

(7) **エ**

(8) **ア**

解説

1 (1) Xの**二十一か条の要求**は、**第一次世界大戦**でヨーロッパが戦争中に、日本が中国のドイツ権益を要求したもの。Yの**満州事変**の結果、日本は中国東北部に**満州国**を建国した。

(2)**シベリア出兵**とは、**ロシア革命**による社会主義の拡大をおそれて、ロシアのシベリアに兵を出したできごと。米商人が米を買い占《し》め、米の値段が急激にあがったことから、富山県の主婦らが米の安売りを求めておこした騒動が全国に広がった。

(3)**原敬《はらたかし》**は、立憲政友会の党首で、日本で初めての本格的な**政党内閣**を組織した。

(4)**普通《ふつう》選挙**とは、納税額などの制限がない選挙のこと。女性に選挙権が与《あた》えられるのは、第二次世界大戦後のことである。

(5)**世界恐慌《きょうこう》**は、アメリカのニューヨークで株価が大暴落したことから始まった。アメリカはニューディール(新規巻き直し)という政策を行い、植民地の多いイギリスやフランスはブロック経済圏《けん》を築いた。植民地のないドイツやイタリア、日本は他国の侵略《しんりゃく》へと向かった。

POINT 1925年、普通選挙法の成立に先だって社会主義勢力がのびるのをおさえるために治安維持法《ちあんいじほう》が制定された。

12 現代の日本と世界

→ 本冊 p.17

1 (1) ①農地改革

②**ア**

(2) 例 アメリカ軍が朝鮮《ちょうせん》戦争に必要な物資を日本で調達したから。

(3) ①**ウ**

②**ウ**

(4) ①高度経済成長

②**イ**

(5) SDGs

解説

1 (1)①**農地改革**は、農村の民主化のために行われた改革で、地主の土地を政府が安く買い上げ、小作人に安くで売り渡《わた》した。

②**ア**の**治安維持法《ちあんいじほう》**は廃止《はいし》された。**イ**の**財閥《ざいばつ》解体**は経済の民主化、**ウ**の教育基本法の制定は教育の民主化、**エ**の労働組合法の制定は労働者の権利を守るために制定された。

(2)朝鮮半島では、北をソ連が占領《せんりょう》して、朝鮮民主主義人民共和国(北朝鮮)、南をアメリカが占領して大韓民国《だいかんみんこく》(韓国)が成立した。北朝鮮が韓国を攻《せ》めたことから**朝鮮戦争**が始まったが、1953年に休戦した。

(3)①**ア**の**田中角栄《たなかかくえい》**は日中共同声明を発表、**イ**の**佐藤栄作《さとうえいさく》**は非核三原則を唱えた、**エ**の**岸信《きしのぶ》介《すけ》**は1960年の日米安全保障条約の改定を強行し、その後辞職した総理大臣である。

②**国際連合**への加盟は、安全保障理事会の常任理事国であるソ連が反対していて加盟できなかったが、**日ソ共同宣言**によってソ連が賛成にまわったことから、国連加盟が実現した。

(4)①経済成長率が10%をこえる年が続き、1968年には、資本主義国の中でGNPが世界第2位になった。

POINT 朝鮮戦争が始まると日本は特需《とくじゅ》景気と呼ばれる好景気となり、経済復興が早まった。

中学１・２年の総復習テスト

→ 本冊 p.18～19

1 (1) **イ**

(2) **ウ**

(3) 大西洋

(4) a…ドイツ

c…南アフリカ共和国

2 (1) 酪農《らくのう》

(2) 千島《ちしま》海流（親潮）

(3) 扇状地《せんじょうち》

3 (1) 例 唐《とう》が衰《おとろ》えたから。

(2) **エ**

(3) 北条時宗《ほうじょうときむね》

(4) **ウ**

(5) **イ**

(6) **ア**

(7) 日中共同声明

解説

1 (1)**赤道**は緯度《いど》０度の緯線。地球を北半球と南半球に分ける。アジアではインドネシアのスマトラ島やカリマンタン島、アフリカ大陸の中央、南アメリカ大陸の北部を通る。地図１は、東京を中心とした**正距《せいきょ》方位図法**の地図。正距方位図法の経緯線は複雑に描《えが》かれるので、地図２を使ってだいたいの赤道の位置を予想し、地図１で確認するとよい。

(2)地図２では、方位が正しく表されないので、中心からの距離と方位が正しい地図１に**ア**～**エ**の地点を書き込《こ》むことで方位を判断する。

(3)世界には三大洋があり、最も広い海洋は**太平洋**、次に広いのが**大西洋**、最も狭《せま》いのが**インド洋**である。ユーラシア大陸、アフリカ大陸、南北アメリカ大陸に面しているのは大西洋。

(4)主要輸出品の輸出額の割合を見て、白金族が19.1％あるｃが南アフリカ共和国。南アフリカ共和国は、ほかにクロムやマンガンなどのレアメタルの産出も多い。次に鉄鉱石の割合が15.9％あるｄがブラジル。４つの国の中では、面積も広いので、人口密度が最も低くなっている。残るａとｂでは、１人あたり国民総所得が大きいａがドイツ。ｂはマレーシアである。ドイツの輸出の上位品目に医薬品があることからも判断できる。

2 (1)北海道の中でも、**根釧《こんせん》台地**でさかん。

(2)三陸海岸沖に**潮目**（潮境）があることや、三陸海岸の南側は、湾《わん》と岬《みさき》が連続する複雑な海岸線をもつ**リアス海岸**となっていて、天然の良港が多い。

(3)**扇状地**は、川がつくる地形のうちの１つで、川が山地から平地に出たところにできる扇形《おうぎがた》をした地形。水はけがよいことから、果樹園などに利用される。川がつくる地形に、川が海や湖などに出るところにできる**三角州**があり、こちらは水田などに利用される。

3 (1)**遣唐使《けんとうし》**が停止された894年から13年後の907年に唐は滅亡《めつぼう》した。

(2)**承久《じょうきゅう》の乱**は、鎌倉《かまくら》時代の初めに、源氏《げんじ》の直系の将軍が３代で絶えたことから、**後鳥羽《ごとば》上皇**が政治権力を朝廷《ちょうてい》に取り戻《もど》そうとしておこした反乱である。**北条政子《ほうじょうまさこ》**が御家人《ごけにん》への結束を訴《うった》えたことなどから、幕府側が勝利した。結果、鎌倉幕府は西日本にも勢力を広げ、朝廷への監視《かんし》のために京都に**六波羅探題《ろくはらたんだい》**を設置した。**ア**は室町《むろまち》時代の南北朝の動乱、**イ**は室町時代の**応仁《おうにん》の乱**、**ウ**は平安時代の**平治《へいじ》の乱**である。

(3)鎌倉時代の**執権《しっけん》**は、**御成敗式目《ごせいばいしきもく》**を定めた**北条《ほうじょう》泰時《やすとき》**、**元寇《げんこう》**のときの**北条時宗《ときむね》**を覚えておこう。

(4)**豊臣秀吉《とよとみひでよし》**は、キリスト教を禁止するため宣教師を国外追放したが、貿易の利益のために**南《なん》蛮《ばん》貿易**は続けたので、禁教は徹底《てってい》されなかった。

(5) Ｂは、**三国干渉《かんしょう》**について述べたもの。ロシアがフランスやドイツと清《しん》に返還《へんかん》をせまったのは、山東《さんとう》《シャントン》半島ではなく、**遼東《りょうとう》《リアオトン》半島**である。

(6)**ア**は**柳条湖《りゅうじょうこ》《リウティアオフー》事件**、**イ**は**盧溝橋《ろこうきょう》《ルーコウチアオ》事件**、**ウ**は**南《ナン》京《キン》事件**のおこった場所である。

(7)中国とは、その後1978年、**日中平和友好条約**も結んでいる。

数学

1 正の数・負の数

→ 本冊 p.22

1 (1) $-\frac{3}{2}$、-1、$-\frac{2}{3}$、0、$+0.9$

(2) -0.85

(3) 7 つ

2 (1) -3　(2) 5　(3) -20

(4) 6　(5) -7　(6) $\frac{2}{3}$

3 9 ℃

解説

1 (1)

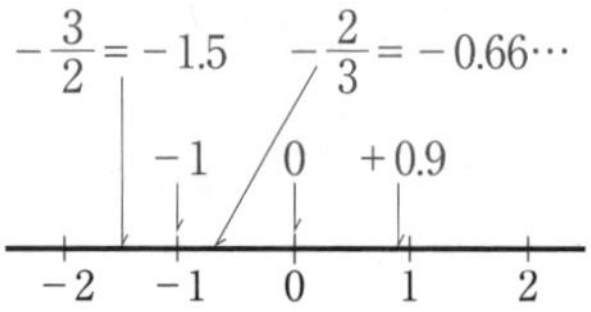

$\frac{2}{3}=0.66\cdots$、$\frac{3}{2}=1.5$ だから、$\frac{2}{3}<1<\frac{3}{2}$ であり、**負の数は絶対値が大きいほうが小さい**から、$-\frac{3}{2}<-1<-\frac{2}{3}$

(2)

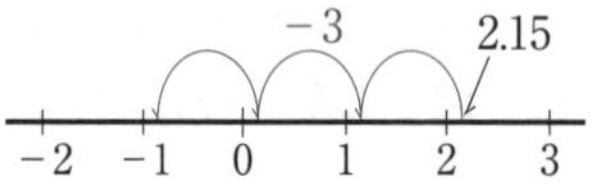

$2.15-3=-0.85$

(3) $-\frac{7}{2}=-3.5$ より大きく、$\frac{7}{2}=3.5$ より小さい整数は、-3、-2、-1、0、1、2、3 の 7 つ。

2 (1) $(-4)-(+2)-(-3)=(-4)+(-2)+(+3)$
$=-4-2+3=-6+3=-3$

(2) $-8-3+13-4+7=-8-3-4+13+7$
$=-15+20=5$

(3) $(+5)\times(-4)=-(5\times4)=-20$

(4) $-12\div3-2\times(-5)=-4+10=6$

(5) $-3^3-(-5)\times(-2)^2$
$=-3\times3\times3-(-5)\times(-2)\times(-2)$
$=-27+20=-7$

(6) $\left(-\frac{4}{15}\right)\times\frac{5}{8}+\left(-\frac{5}{14}\right)\div\left(-\frac{3}{7}\right)$
$=-\frac{4}{15}\times\frac{5}{8}+\frac{5}{14}\times\frac{7}{3}=-\frac{1}{6}+\frac{5}{6}=\frac{4}{6}=\frac{2}{3}$

POINT 四則計算は、**累乗《るいじょう》・かっこ→乗除→加減** の順に計算する。

3 **月曜日との差に書きかえる。**月曜日との差は、火＝$+3$、水＝$+3-2=+1$、木＝$+1-7=-6$、… のように順に求めていく。

曜日	月	火	水	木	金	土	日
月曜日との差（℃）	／	$+3$	$+1$	-6	-1	-1	0

最高気温が最も高い日は火曜日、最も低い日は木曜日で、その差は、
$+3-(-6)=+3+6=+9$

2 式の計算

→ 本冊 p.23

1 (1) $7x-1$　(2) $5a+7$　(3) $\frac{11a+4}{3}$

(4) $-2y$

2 (1) $a^2+3b^2=4ab$　(2) $ax+b>y$

3 (1) $S=\frac{1}{2}(a+b)h$　(2) $h=\frac{2S}{a+b}$

4 例 n を整数とすると、連続する 2 つの奇《き》数《すう》は、$2n+1$、$2n+3$ と表される。
連続する 2 つの奇数の和は、
$(2n+1)+(2n+3)=4n+4=4(n+1)$
$n+1$ は整数だから、連続する 2 つの奇数の和は 4 の倍数である。

解説

1 (1) $(2x+3)+(5x-4)=2x+3+5x-4$
$=7x-1$

(2) $3(3a-1)-2(2a-5)=9a-3-4a+10$
$=5a+7$

(3) $\frac{5a+3}{2}-\frac{1-7a}{6}=\frac{3(5a+3)-(1-7a)}{6}$
$=\frac{15a+9-1+7a}{6}=\frac{22a+8}{6}=\frac{11a+4}{3}$

(4) $8xy^2\div(-2xy)^2\times(-xy)=-\frac{8xy^2\times xy}{4x^2y^2}$
$=-2y$

POINT 分数の計算では、**分子にかっこをつけて通分することと最後に約分する**ことを忘れないようにしよう。また、方程式のように分母をはらってしまわないように気をつけよう。
単項式《たんこうしき》の乗除では、**答えの符号《ふごう》を先に決めておく**とよい。

2 (1) a の 2 乗と b の 2 乗の 3 倍の和 → a^2+3b^2、
a と b の積の 4 倍 → $4ab$

(2)「お金がたりない」ので、代金 $>y$ 円 となる。
代金は、$ax+b$ (円) だから、$ax+b>y$

3 (1)**台形の面積＝(上底＋下底)×高さ×$\frac{1}{2}$**
なので、$S=\frac{1}{2}(a+b)h$

(2) $S=\frac{1}{2}(a+b)h$
$2S=(a+b)h$
$h=\frac{2S}{a+b}$

4 まず、**連続する 2 つの奇数を、整数 n を使った式で表す。**次に、それらの和を計算して、$4\times$○ の形になる、すなわち、4 の倍数であることを示す。

3 1 次方程式

→ 本冊 p.24

1 (1) $x=-5$　(2) $x=2$
(3) $x=6$　(4) $x=-3$

2 $a=2$

3 (1) $x=10$　(2) $x=7$

4 長いすの数…9 脚《きゃく》　生徒の人数…32 人

解説

1 (1) $-8+2x=5x+7$
$2x-5x=7+8$
$-3x=15$
$x=-5$

(2) $4(2x+1)=-5(2-3x)$
$8x+4=-10+15x$
$-7x=-14$
$x=2$

(3) $0.19x-1=0.07(x-4)$
両辺を 100 倍して、
$19x-100=7(x-4)$
$19x-100=7x-28$
$12x=72$
$x=6$

(4) $\frac{5}{6}x-\frac{1}{2}=-\frac{x+7}{4}-2$
両辺に 12 をかけて、
$10x-6=-3(x+7)-24$
$10x-6=-3x-21-24$
$13x=-39$
$x=-3$

POINT 分数や小数などの係数は、式全体に対し、かけたりわったりして、**係数を簡単にしてから解く**とよい。その際、**整数にもかけ忘れないようにしよう。**

2 $4x-5a=8-ax$ に $x=3$ を代入して、
$12-5a=8-3a$
$-2a=-4$
$a=2$

3 (1) $x:8=5:4$
$4x=8\times5$
$x=10$

(2) $(x-4):x=3:7$
$7(x-4)=3x$
$7x-28=3x$
$4x=28$
$x=7$

4 **長いすの数を x 脚とする。**
3 人ずつ座ると 5 人が座れないので、生徒の人数は、$3x+5$ (人)
4 人ずつ座るとちょうど 1 脚あまるので、生徒の人数は、$4(x-1)$ (人)
よって、
$3x+5=4(x-1)$
$3x+5=4x-4$
$-x=-9$
$x=9$
長いすの数は 9 脚。生徒の人数は、$4(x-1)$ に $x=9$ を代入して、$4\times(9-1)=32$ (人)

POINT 方程式の文章題では、方程式の解を求めたあとに、**解の確かめをしておく**とよい。

4 連立方程式

→ 本冊 p.25

1 (1) $x=2$、$y=-1$　(2) $x=10$、$y=-9$

(3) $x=12$、$y=-4$　(4) $x=-4$、$y=-2$

2 $a=-2$、$b=2$

3 (1) $\begin{cases} x+y=1500 \\ \dfrac{x}{75}+\dfrac{y}{60}=22 \end{cases}$

(2) 分速 75 m で歩いた道のり…900 m

分速 60 m で歩いた道のり…600 m

解説

1 上の式を①、下の式を②とする。

(1)①×2−②×3

$$\begin{array}{rr} & 6x+14y=-2 \\ -) & 6x-15y=27 \\ \hline & 29y=-29 \\ & y=-1 \quad \cdots③ \end{array}$$

③を①に代入して、

$3x+7\times(-1)=-1$　$x=2$

よって、$x=2$、$y=-1$

(2)①×100 より、$37x+30y=100$ …①′

②÷25 より、$5x+6y=-4$ …②′

①′−②′×5

$$\begin{array}{rr} & 37x+30y=100 \\ -) & 25x+30y=-20 \\ \hline & 12x\qquad=120 \\ & x\qquad=10 \quad \cdots③ \end{array}$$

③を②′ に代入して、

$5\times10+6y=-4$　$y=-9$

よって、$x=10$、$y=-9$

(3)①×6 を整理して、$2x+9y=-12$ …①′

②×4 を整理して、$x+2y=4$ …②′

①′−②′×2

$$\begin{array}{rr} & 2x+9y=-12 \\ -) & 2x+4y=8 \\ \hline & 5y=-20 \\ & y=-4 \quad \cdots③ \end{array}$$

③を②′ に代入して、

$x+2\times(-4)=4$　$x=12$

よって、$x=12$、$y=-4$

(4) **2 つの式を組み合わせた形に書きなおす。**

$$\begin{cases} 4x-5y+1=2x+3 & \cdots① \\ -x+7y+5=2x+3 & \cdots② \end{cases}$$

①より、$2x-5y=2$ …①′

②より、$-3x+7y=-2$ …②′

①′×3＋②′×2

$$\begin{array}{rr} & 6x-15y=6 \\ +) & -6x+14y=-4 \\ \hline & -y=2 \\ & y=-2 \quad \cdots③ \end{array}$$

③を①′ に代入して、

$2x-5\times(-2)=2$　$x=-4$

よって、$x=-4$、$y=-2$

POINT $A=B=C$ の形の方程式は

$\begin{cases} A=B \\ A=C \end{cases}$ $\begin{cases} A=B \\ C=B \end{cases}$ $\begin{cases} A=C \\ B=C \end{cases}$

のどれかに変形する。A、B、C のうち最も簡単な式を 2 回使うことが多い。

2 $x=4$、$y=-3$ を代入して、

$4a+3b=-2$ …①

$4b-12=2a$ より、$a=2b-6$ …②

①、②を連立方程式として解くと、$a=-2$、$b=2$

3 (1)分速 75 m で歩いた道のりが x m、分速 60 m で歩いた道のりが y m、家から学校までの道のりが 1500 m であるから、**道のりに関する式をつくる**と、$x+y=1500$

分速 75 m で歩いた時間が $\dfrac{x}{75}$ (分)、分速 60 m で歩いた時間が $\dfrac{y}{60}$ (分)、家を出てから学校に着くまでにかかった時間が 22 分だから、**時間に関する式をつくる**と、$\dfrac{x}{75}+\dfrac{y}{60}=22$

(2)道のりの式を①、時間の式を②とすると、

②×300 より、$4x+5y=6600$ …②′

①、②′ を連立方程式として解くと、

$x=900$、$y=600$

POINT 速さの文章題では、道のりに関する式と、時間に関する式の 2 つの式をつくることが多い。

5 比例と反比例

→ 本冊 p.26

1 (1) **ア、イ、ウ**

(2) 比例…**イ**　反比例…**ウ**

2 (1) $y=\frac{50}{x}$、反比例　(2) $y=6x$、比例

3 (1) 4　(2) $y=\frac{8}{x}$　(3) B$(-2,\ -4)$

解説

1 **ア** $x=5$ のとき、5 以下の素数は、2、3、5 の 3 個で $y=3$、$x=6$ のとき $y=3$、$x=7$ のとき $y=4$、… と、**x の値《あたい》に対して y の値が 1 つに決まる**ので関数である。

イ 円周＝2π×半径 より、$y=2\pi x$（比例）

ウ 2 L を x 人で分けるから、$y=\frac{2}{x}$（反比例）

エ 最低気温が決まっても、最高気温が決まるわけではないので、関数ではない。

> POINT 1 つの x の値に対して、y の値がただ 1 つに決まるとき、y は x の関数である。比例 $y=ax$ や反比例 $y=\frac{a}{x}$ のような式に表せない関数もある。

2 (1)**時間＝道のり÷速さ**

(2)**三角錐《さんかくすい》の体積＝$\frac{1}{3}$×底面積×高さ**　より、

$y=\frac{1}{3}\times18\times x=6x$

3 (1) $y=2x$ に $x=2$ を代入して、$y=2\times2=4$

(2)双曲線《そうきょくせん》㋑は点 A$(2,\ 4)$ を通るから、$y=\frac{a}{x}$ に $x=2$、$y=4$ を代入して、$4=\frac{a}{2}$ より、$a=8$

(3)点 A と点 B は x 座標、y 座標とも符号《ふごう》が逆で絶対値が等しい。A$(2,\ 4)$→B$(-2,\ -4)$

6 1 次関数

→ 本冊 p.27

1 (1) x の増加量…5　y の増加量…15

(2) 傾《かたむ》き…3　切片…-2

2 (1) $y=-2x+7$　(2) $y=x+4$

(3) $y=3x+9$　(4) $y=-3x-8$

3 (1) A$(6,\ 2)$　(2) 8　(3) 16

解説

1 (1) x の値《あたい》が -2 から 3 まで変化するとき、x の増加量は、$3-(-2)=3+2=5$

x の値が -2 のとき、$y=3\times(-2)-2=-8$

x の値が 3 のとき、$y=3\times3-2=7$

y の増加量は、$7-(-8)=7+8=15$

別解 変化の割合＝$\frac{y\text{ の増加量}}{x\text{ の増加量}}$ だから、

y の増加量＝変化の割合×x の増加量＝$3\times5=15$

2 (1)**変化の割合が -2 より、$y=-2x+b$ とおく。**

$x=2$、$y=3$ を代入して、$3=-2\times2+b$

$b=3+4=7$　　よって、$y=-2x+7$

(2) 2 点 $(-1,\ 3)$、$(2,\ 6)$ を通る直線の傾きは、

$\frac{6-3}{2-(-1)}=\frac{3}{2+1}=1$ より、$y=x+b$ とおく。

$x=2$、$y=6$ を代入して、$6=2+b$

$b=6-2=4$　　よって、$y=x+4$

(3) **$y=3x$ のグラフに平行なので、傾きは 3** だから、$y=3x+b$ とおく。

$x=-2$、$y=3$ を代入して、$3=3\times(-2)+b$

$b=3+6=9$　　よって、$y=3x+9$

(4) x の値が 2 から 5 まで増加するときの y の増加量が -9 なので、変化の割合は、

$\frac{-9}{5-2}=\frac{-9}{3}=-3$ より、$y=-3x+b$ とおく。

$x=-5$、$y=7$ を代入して、$7=-3\times(-5)+b$

$b=7-15=-8$　　よって、$y=-3x-8$

> POINT 1 次関数の式を求めるときは、$y=ax+b$ の 4 つの文字（定数 a、b と変数 x、y）のうち、どの値がわかっているかを問題文から読みとろう。

3 (1) **2 直線の交点 A の座標は、2 直線の式を連立方程式として解いた解である。** y を消去して、$x-4=-\frac{1}{3}x+4$ より、$x=6$
これから、$y=2$　よって、A(6, 2)
(2) 点 B は直線㋐の切片なので、y 座標は -4
点 C は直線㋑の切片なので、y 座標は 4
$BC=4-(-4)=8$
(3) 点 D は x 軸《じく》上の点なので y 座標が 0
$y=x-4$ に $y=0$ を代入して、$x=4$
四角形 ACOD＝△ABC－△OBD
△ABC は底辺 BC、高さは y 軸から点 A までの距離《きょり》、△OBD は底辺 OB、高さ OD と考える。

四角形 ACOD$=\frac{1}{2}\times8\times6-\frac{1}{2}\times4\times4=16$

別解 点 O と点 A を結ぶと、
四角形 ACOD＝△OAC＋△OAD
△OAC は底辺 OC、高さは y 軸から点 A までの距離、△OAD は底辺 OD、高さは x 軸から点 A までの距離と考える。

四角形 ACOD$=\frac{1}{2}\times4\times6+\frac{1}{2}\times4\times2=16$

7 平面図形

→ 本冊 p.28

1 (1) **サ**　(2) 対称《たいしょう》、回転

2 (1)

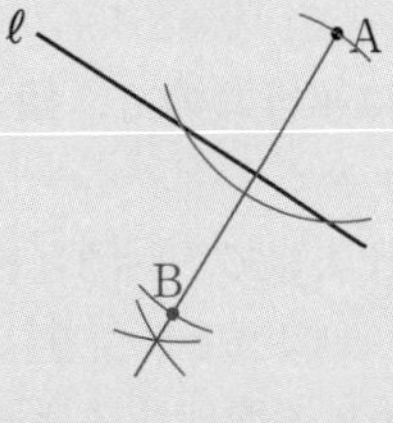

(2)

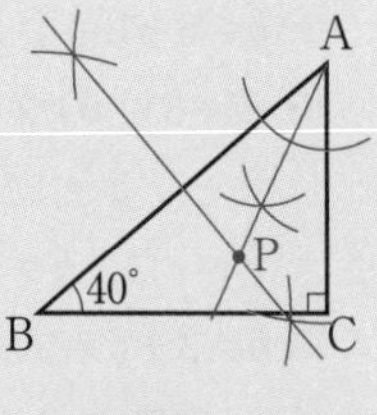

3 (1) 周の長さ…$(4\pi+8)$ cm　面積…8π cm^2
(2) 周の長さ…6π cm　面積…$(6\pi+4)$ cm^2

4 おうぎ形の面積…15π cm^2
∠APB の大きさ…36°

解説

1 (1) **平行移動をしても図形の向きは変わらない**ので、三角形**ア**と同じ向きの三角形をさがす。
(2) 三角形**ソ**は平行移動や回転移動では三角形**カ**と重ならない。対称移動によって裏返しになっている。

POINT 図形の移動では、向きを変えたりずらしたりして重ねることができるか、それとも裏返しになっているか見きわめることが重要である。

2 (1) **点 A と点 B が直線 ℓ に関して対称であるとき、直線 ℓ が線分 AB の垂直二等分線である。**
よって、点 A から直線 ℓ に垂線をひき、その垂線上に直線 ℓ からの距離《きょり》が点 A と同じ点をとればよい。
(2) **点 P は、2 点 A、B から等距離なので、線分 AB の垂直二等分線上にある。**
また、三角形 ABC の内角は、∠B＝40°、∠C＝90° なので、∠A＝50°
∠PAB＝25° ということは、点 P は ∠A の二等分線上にある。

POINT 2 点から等しい距離にある点の作図は垂直二等分線、2 辺から等しい距離にある点の作図は角の二等分線を使う。

3 (1) 半円の弧《こ》の長さは、$2\pi\times4\div2=4\pi$ (cm)
半円の直径は $4\times2=8$ (cm) だから、周の長さは、$4\pi+8$ (cm)
面積は、$\pi\times4^2\div2=8\pi$ (cm^2)
(2) 周の長さは、中心角 360°−90°＝270°、半径 2 cm のおうぎ形の弧の長さ 2 つ分だから、
$2\pi\times2\times\frac{270}{360}\times2=6\pi$ (cm)
面積は、おうぎ形 2 つ分と中央の 1 辺 2 cm の正方形の和だから、
$\left(\pi\times2^2\times\frac{270}{360}\right)\times2+2\times2=6\pi+4$ (cm^2)

4 **円周と弧の長さの割合から、色のついたおうぎ形の中心角を求める。**
半径 5 cm の円周は、$2\pi\times5=10\pi$ (cm)
おうぎ形の弧の長さは 6π cm なので、
中心角は、$360°\times\frac{6\pi}{10\pi}=216°$
面積は、$\pi\times5^2\times\frac{216}{360}=15\pi$ (cm^2)
色のついたおうぎ形の中心角が 216° だから、
∠AOB＝360°−216°＝144°
円の接線はその接点を通る半径に垂直だから、
∠PAO＝∠PBO＝90°
四角形 APBO の内角の和は 360° なので、
∠APB＝360°−(90°＋90°＋144°)＝36°

8 空間図形

本冊 p.29

1 (1) 8、18、12

(2) 3、8

(3) DJKE、ABCDEF、GHIJKL

2 (1) 表面積…$360\ \mathrm{cm}^2$　体積…$400\ \mathrm{cm}^3$

(2) 表面積…$27\pi\ \mathrm{cm}^2$　体積…$18\pi\ \mathrm{cm}^3$

3 (1) 表面積…$24\pi\ \mathrm{cm}^2$　体積…$16\pi\ \mathrm{cm}^3$

(2) 表面積…$24\pi\ \mathrm{cm}^2$　体積…$12\pi\ \mathrm{cm}^3$

解説

1 (1)面は、側面の長方形が 6 つ、底面の正六角形が上下で 2 つ、合わせて 8 つの面がある。
辺は、1 つの底面の正六角形の辺が 6 本、底面は上下 2 つあるのでその 2 倍、そして、上下の底面をつなぐ辺が 6 本ある。
頂点は、1 つの底面の正六角形に 6 個、それが上下であるから 12 個。

(2)辺 AB と平行な辺は、辺 ED、KJ、GH の 3 本。
辺 AB と交わる辺は、辺 BC、CD、EF、FA、AG、BH の 6 本。
残りの辺 CI、DJ、EK、FL、HI、IJ、KL、LG の 8 本が辺 AB とねじれの位置にある。

(3)面の形が六角形なので、わかりにくい場合は、その面をふくむ平面を考えてみるとよい。

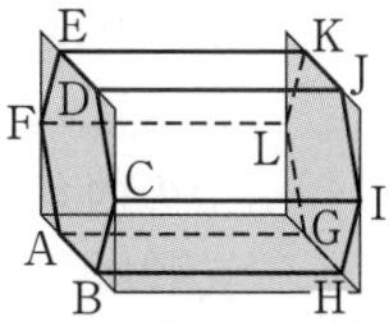

2 (1)表面積は、側面の底辺 10 cm、高さ 13 cm の三角形 4 つの面積と、底面の 1 辺が 10 cm の正方形の面積の和だから、

$\left(\frac{1}{2}\times10\times13\right)\times4+10\times10=360\ (\mathrm{cm}^2)$

体積は、底面積 $10\times10=100\ (\mathrm{cm}^2)$、高さ 12 cm の四角錐だから、

$\frac{1}{3}\times100\times12=400\ (\mathrm{cm}^3)$

(2)半球の曲面部分の表面積は、球の表面積の半分だから、$4\pi\times3^2\div2=18\pi\ (\mathrm{cm}^2)$

これに**平面部分の円の面積をたして**、

$18\pi+\pi\times3^2=27\pi\ (\mathrm{cm}^2)$

体積は、$\frac{4}{3}\pi\times3^3\div2=18\pi\ (\mathrm{cm}^3)$

3 (1)底面が半径 2 cm の円、高さが 4 cm の円柱になる。

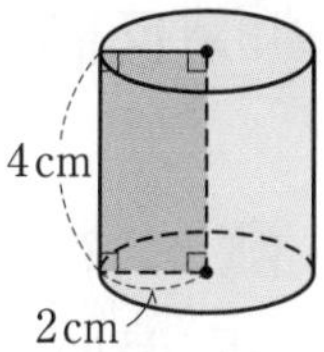

下のように展開図に表すと、側面は長方形になり、縦は 4 cm、横は底面の円周の長さ、すなわち、$2\pi\times2=4\pi$ (cm) と等しいから、側面積は、$4\times4\pi=16\pi\ (\mathrm{cm}^2)$

底面積は、$\pi\times2^2=4\pi\ (\mathrm{cm}^2)$ が 2 つ分。

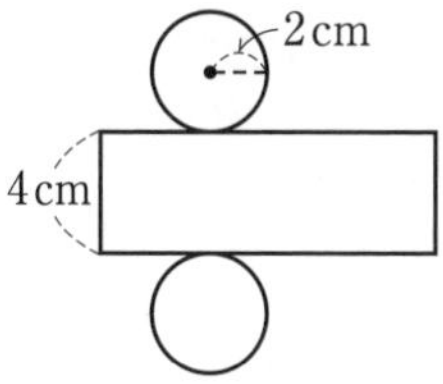

よって、表面積は、

$16\pi+4\pi\times2=24\pi\ (\mathrm{cm}^2)$

体積は、$(\pi\times2^2)\times4=16\pi\ (\mathrm{cm}^3)$

(2)底面が半径 3 cm の円、高さが 4 cm の円錐《えんすい》になる。

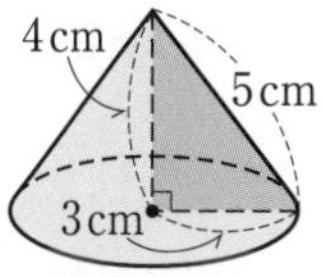

下のように展開図に表したときの**円錐の側面のおうぎ形の中心角を、円周と弧《こ》の長さの割合から求める。**

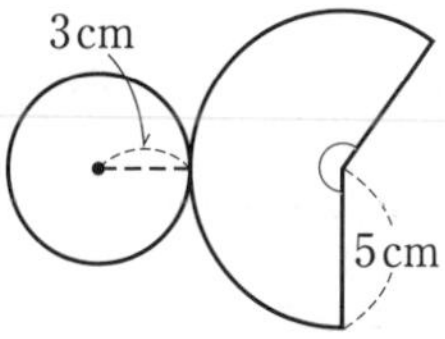

半径 5 cm の円周は、$2\pi\times5=10\pi$ (cm)

おうぎ形の弧の長さは、円錐の底面の半径 3 cm の円周と等しいので、$2\pi\times3=6\pi$ (cm)

よって、中心角は、$360°\times\frac{6\pi}{10\pi}=216°$

これから、おうぎ形の面積、すなわち、側面積は、$\pi\times5^2\times\frac{216}{360}=15\pi\ (\mathrm{cm}^2)$

よって、表面積は、これに底面積をたして、

$15\pi+9\pi=24\pi\ (\mathrm{cm}^2)$

体積は、$\frac{1}{3}\times(\pi\times3^2)\times4=12\pi\ (\mathrm{cm}^3)$

POINT 表面積は、**展開図を意識**して、平面にするとどのような形になるかを考えよう。

9 図形の角と合同

→ 本冊 p.30

1 (1) 127° (2) 84° (3) 101°

2 (1) 900° (2) 140° (3) 540°

3 △ABD と △ACE において、

△ABC は正三角形だから、

AB＝AC …①

∠BAC＝60°

よって、

∠BAD＝∠BAC－∠DAC

＝60°－∠DAC …②

△ADE は正三角形だから、AD＝AE …③

∠DAE＝60°

よって、

∠CAE＝∠DAE－∠DAC

＝60°－∠DAC …④

②、④より、∠BAD＝∠CAE …⑤

①、③、⑤より、2 組の辺とその間の角がそれぞれ等しいので、

△ABD≡△ACE

合同な図形の対応する辺の長さは等しいので、BD＝CE

解説

1 (1)**平行線の同位角は等しい**ことと、**三角形の内角と外角の関係**から、

∠x＝59°＋68°＝127°

(2)求める角の頂点を通り、直線 ℓ に平行な線をひく。**平行線の錯角《さっかく》は等しい**ので、

∠x＝38°＋46°＝84°

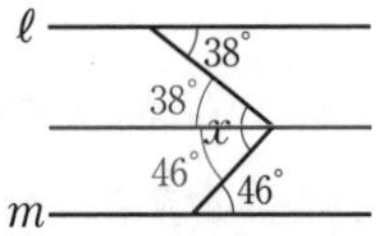

(3)図のような線をひいて、上部の三角形と下部の三角形でそれぞれ**三角形の内角と外角の関係**を考える。

∠x＝32°＋41°＋28°＝101°

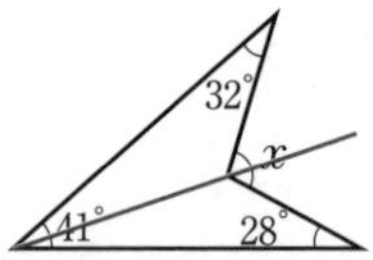

別解 図のような線をひいて、**三角形の内角と外角の関係**を考える。

∠x＝41°＋32°＋28°＝101°

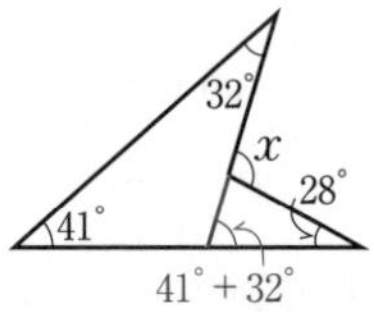

POINT 角度を求める問題は、平行線の同位角や錯角、三角形の内角の和や外角の性質などが利用できないか考える。これらを利用することを意識して、必要な補助線を入れるとよい。

2 (1)七角形は、1 つの頂点からひいた対角線によって、5 個の三角形に分けられるから、内角の和は、180°×5＝900°

(2)**正九角形の外角の和は 360°** だから、1 つの外角は、360°÷9＝40°

よって、1 つの内角は、180°－40°＝140°

別解 正九角形は、7 個の三角形に分けられるから、内角の和は、180°×7＝1260°

よって、1260°÷9＝140°

(3) 1 つの外角の大きさが 72° で、外角の和は 360° だから、360÷72＝5

よって、この正多角形は正五角形である。1 つの内角は、180°－72°＝108° だから、内角の和は、108°×5＝540°

3 **長さが等しいことの証明には、三角形の合同や二等辺三角形の性質などを利用する**ことが多い。三角形の合同を証明するときは、まず図の中で問題文の仮定から等しいことがわかる辺や角に同じ記号をつけ、合同条件にあうような等しい辺や角を 3 組見つける。

10 三角形と四角形

本冊 p.31

1 (1) 26°　(2) 76°　(3) 50°

2 △DBE、△DBF、△DAF

3 △ABE と △CDF において、

四角形 ABCD は長方形だから、

AB＝CD …①

また、AB∥CD より、平行線の錯角《さっかく》は等しいから、∠ABE＝∠CDF …②

仮定より、∠AEB＝∠CFD＝90° …③

①、②、③より、直角三角形の斜辺と 1 つの鋭角がそれぞれ等しいので、△ABE≡△CDF

合同な図形の対応する辺の長さは等しいので、AE＝CF …④

また、垂線だから、∠AEF＝∠CFE＝90° であり、錯角が等しいので、

AE∥CF …⑤

④、⑤より、1 組の対辺が平行でその長さが等しいので、四角形 AECF は平行四辺形である。

解説

1 (1)図のような線をひいて、**正三角形の 1 つの内角は 60°** であることと、**平行線の錯角や同位角は等しい**ことを利用する。

$\angle x = 60° - 34° = 26°$

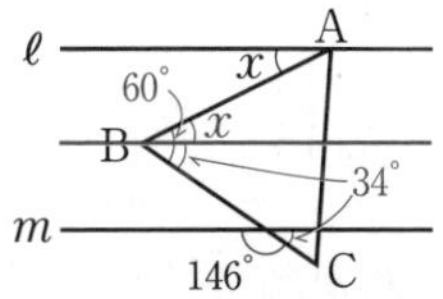

(2)**二等辺三角形の 2 つの底角は等しい**ことと、**三角形の内角と外角の関係**を利用して、左から順に角度を求めていく。

$\angle x = 57° + 19° = 76°$

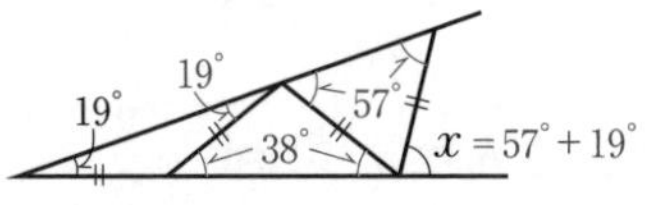

(3)二等辺三角形の 1 つの底角が**平行四辺形の 65° の角の対角**だから、

$\angle x = 180° - 65° \times 2 = 50°$

2 AD∥BC より、△ABE と △DBE は、底辺 BE が共通、高さが等しいので、面積は等しい。

BD∥EF より、△DBE と △DBF は、底辺 DB が共通、高さが等しいので、面積は等しい。

AB∥DC より、△DBF と △DAF は、底辺 DF が共通、高さが等しいので、面積は等しい。

よって、△ABE＝△DBE＝△DBF＝△DAF

POINT 平行線と面積の関係から、面積が等しい三角形を 1 つ見つけたら、**ほかの平行線にも注目**して、見つけた三角形と面積が等しい別の三角形はないか、と考えていくとよい。

3 三角形の合同を利用すると、四角形の対辺の長さが等しくなることを証明できる。仮定や三角形の合同の利用で得られる条件から、平行四辺形になるための条件のうち、どの条件がいえそうかを考えよう。

11 データの整理

本冊 p.32

1 (1)

階級（m）	度数（人）	相対度数	累積《るいせき》相対度数
以上　未満 8 ～ 10	2	0.08	0.08
10 ～ 12	3	0.12	0.2
12 ～ 14	7	0.28	0.48
14 ～ 16	6	0.24	0.72
16 ～ 18	5	0.2	0.92
18 ～ 20	2	0.08	1
計	25	1	

(2) 最頻値《さいひんち》…13 m

中央値が入っている階級の階級値…15 m

2 (1) 最頻値…8 点　　最大値…10 点

最小値…4 点　　範囲《はんい》…6 点

(2) 第 1 四分位数…5.5 点

第 2 四分位数…8 点

第 3 四分位数…8.5 点

四分位範囲…3 点

(3)

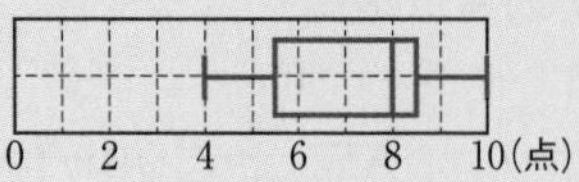

3 イ

解説

1 (1)度数は、(**度数の合計**)×(**相対度数**) で求められる。16 m 以上 18 m 未満の階級の度数は、度数の合計が 25 人、相対度数が 0.2 なので、
25×0.2＝5 (人)
14 m 以上 16 m 未満の階級の度数は、度数の合計からそれ以外の階級の度数をひいて、
25－(2＋3＋7＋5＋2)＝6 (人)
相対度数は、(**その階級の度数**)÷(**度数の合計**) で求められる。例えば、10 m 以上 12 m 未満の階級の相対度数は、3÷25＝0.12
累積相対度数は、その階級までの相対度数の合計であるが、その階級までの累積度数を度数の合計でわっても求められる。例えば、10 m 以上 12 m 未満の階級の累積相対度数は、累積度数が 2＋3＝5 (人) だから、
5÷25＝0.2

(2)度数分布表における最頻値は、**度数が最も多い階級の階級値**。度数が最も多い階級は 12 m 以上 14 m 未満で、階級値は階級の真ん中の値だから 13 m。
中央値は、大きさの順に並べたときの中央の値。全体が 25 人のとき、13 番目の値が中央値となる。中央値が入っている階級は 14 m 以上 16 m 未満なので、階級値は 15 m。

2 データを小さい順に並べると、
4、5、5、6、7、7、⑧、8、8、8、9、10、10
(1)最頻値…最も多い値で、8 点
最大値…いちばん大きい値で、10 点
最小値…いちばん小さい値で、4 点
範囲…**最大値－最小値**で、10－4＝6 (点)
(2)第 1 四分位数…小さいほうの 6 個の中央値なので、下線の 5 と 6 の平均で、5.5 点
第 2 四分位数…中央値なので、中央の 8 点
第 3 四分位数…大きいほうの 6 個の中央値なので、下線の 8 と 9 の平均で、8.5 点
四分位範囲…**第 3 四分位数－第 1 四分位数**より、8.5－5.5＝3 (点)

3 まず、最小値は 0 点以上 2 点未満の階級に、最大値は 8 点以上 10 点未満の階級に入る。
また、累積度数を考えると、右の表のようになる。20 個のデータを小さい順に並べたとき、第 1 四分位数は小さいほうから 5 番目と 6 番目の平均だから、4 点以上 6 点未満の階級に入る。第 2 四分位数は小さいほうから 10 番目と 11 番目の平均だから、6 点以上 8 点未満の階級に入る。第 3 四分位数は小さいほうから 15 番目と 16 番目の平均だから、8 点以上 10 点未満の階級に入る。
以上より、**ア**は第 2 四分位数が 8 点なので不適。
ウは第 3 四分位数が 8 点未満なので不適。

階級	度数	累積度数
以上 未満 0 ～ 2	1	1
2 ～ 4	2	3
4 ～ 6	4	7
6 ～ 8	7	14
8 ～10	6	20
計	20	

POINT ヒストグラムから箱ひげ図を特定するときは、まずヒストグラムの山が右寄り・中央・左寄りのどれかを考える。
それだけではわからないときは、最小値、四分位数、最大値を読みとる。

12 確　率

本冊 p.33

1 (1) $\frac{1}{9}$　(2) $\frac{1}{6}$

2 (1) $\frac{8}{15}$　(2) $\frac{14}{15}$

3 (1) A さんが勝つ確率…$\frac{1}{2}$

B さんが勝つ確率…$\frac{1}{2}$

(2) A さんが勝つ確率…$\frac{2}{5}$

B さんが勝つ確率…$\frac{2}{5}$

解説

1 **目の出方は全部で $6 \times 6 = 36$（通り）**

(1)出た目の数の和が 5 になる出方は、（大，小）とすると、(1，4)、(2，3)、(3，2)、(4，1) の 4 通りだから、$\dfrac{4}{36} = \dfrac{1}{9}$

(2)できる数は表のようになる。このうち、7 の倍数になるのは、色をつけた 6 通りだから、$\dfrac{6}{36} = \dfrac{1}{6}$

大＼小	1	2	3	4	5	6
1	11	12	13	**14**	15	16
2	**21**	22	23	24	25	26
3	31	32	33	34	**35**	36
4	41	**42**	43	44	45	46
5	51	52	53	54	55	**56**
6	61	62	**63**	64	65	66

2 赤玉を①、②、③、④、白玉を5、6で表す。
出方は全部で 15 通り。

(1)赤玉と白玉が 1 個ずつ出るのは、次の図の○のついた 8 通りで、確率は、$\dfrac{8}{15}$

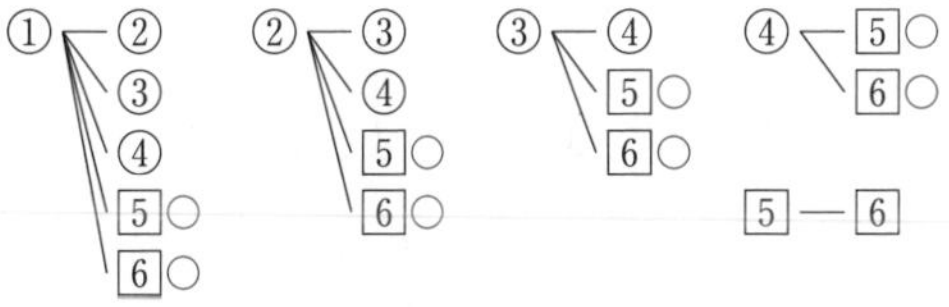

(2) 2 個とも白玉が出るのは、5—6の 1 通りだけで、確率は、$\dfrac{1}{15}$

少なくとも 1 個は赤玉が出るのは、2 個とも白玉が出る場合以外で、確率は、

$1 - \dfrac{1}{15} = \dfrac{14}{15}$

POINT 「少なくとも」というときは、それ以外の確率を求めて 1 からひくほうが求めやすい場合が多い。

3 (1)**カードの取り出し方は全部で 20 通り。**

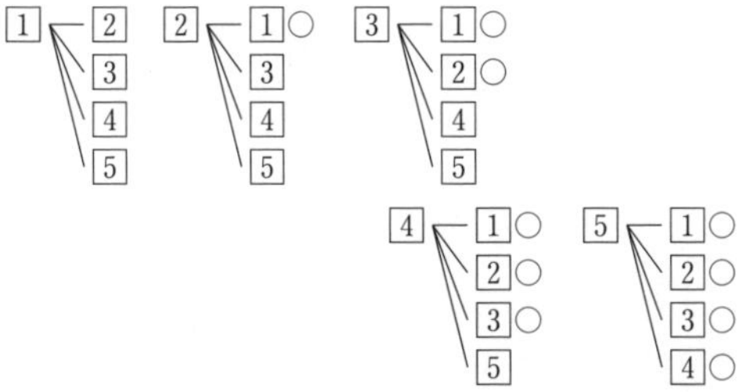

A さんが勝つのは、○のついた 10 通りで、

確率は、$\dfrac{10}{20} = \dfrac{1}{2}$

また、B さんが勝つのは残りの 10 通りで、

確率は、$\dfrac{1}{2}$

(2)**カードの取り出し方は全部で 25 通り。**

A＼B	1	2	3	4	5
1	△				
2	○	△			
3	○	○	△		
4	○	○	○	△	
5	○	○	○	○	△

A さんが勝つのは、○のついた 10 通りで、

確率は、$\dfrac{10}{25} = \dfrac{2}{5}$

引き分けは△の 5 通り、B さんが勝つのは残りの 10 通りで、確率は、$\dfrac{2}{5}$

中学 1・2 年の総復習テスト

→ 本冊 p.34～35

1 (1) 6　(2) -42　(3) $5a-2b$　(4) $27a$

2 (1) $x = -\dfrac{10}{3}$　(2) $x=4$、$y=-2$

(3) $18\pi\ \text{cm}^2$　(4) $19°$

3 (1) ㋐の値…24　四分位範囲…17 m

(2) $a=32$、33、34

4 (1) 9　(2) $-\dfrac{1}{3}$

解説

1 (1) $-3-(-9) = -3+9 = 6$

(2) $-6^2 + 4 \div \left(-\dfrac{2}{3}\right) = -36 + 4 \times \left(-\dfrac{3}{2}\right)$

$= -36 - 6 = -42$

(3) $3(2a+b) - (a+5b)$

$= 3 \times 2a + 3 \times b - a - 5b$

$= 6a - a + 3b - 5b = 5a - 2b$

(4) $(-6a)^2 \times 9b \div 12ab = \dfrac{36a^2 \times 9b}{12ab} = 27a$

2 (1) y は x に比例するので、$y = ax$

$x=10$、$y=-2$ を代入して、

$-2 = 10a$　$a = -\dfrac{1}{5}$

よって、$y=-\frac{1}{5}x$ に $y=\frac{2}{3}$ を代入して、

$\frac{2}{3}=-\frac{1}{5}x$　$x=-\frac{10}{3}$

(2) $\begin{cases} 2x+5y=-2 & \cdots ① \\ 3x-2y=16 & \cdots ② \end{cases}$

①×3−②×2

$$\begin{array}{rr} & 6x+15y=-6 \\ -) & 6x-\ \ 4y=32 \\ \hline & 19y=-38 \\ & y=-2 \ \cdots ③ \end{array}$$

③を①に代入して、$2x+5\times(-2)=-2$

$x=4$

よって、$x=4$、$y=-2$

(3)円錐の側面のおうぎ形の中心角を、底面の円周とおうぎ形の弧の長さの割合から求める。

半径 6 cm の円周は、$2\pi\times6=12\pi$ (cm)、

おうぎ形の弧の長さは、円錐の底面の半径 3 cm の円周と等しいので、$2\pi\times3=6\pi$ (cm)

よって、中心角は、$360°\times\frac{6\pi}{12\pi}=180°$

これから、おうぎ形の面積、すなわち、側面積は、$\pi\times6^2\times\frac{180}{360}=18\pi$ (cm^2)

(4)△ABC は AB=AC の二等辺三角形だから、

$\angle B=\angle C=\frac{180°-54°}{2}=63°$

点 B を通り、直線 ℓ、m に平行な直線をひくと、**平行線の錯角は等しい**から、

$\angle x+44°=63°$

よって、$\angle x=63°-44°=19°$

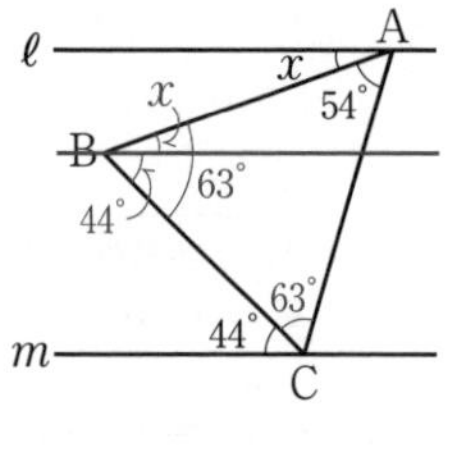

3 (1)データを小さい順に並べると、

7 10 12 16 23 25 26 29 32 34

㋐は、第 2 四分位数 (中央値) だから、小さいほうから 5 番目と 6 番目の値の平均である。

すなわち、$\frac{23+25}{2}=24$ (m)

第 1 四分位数は 12 m、第 3 四分位数は 29 m より、四分位範囲は、

$29-12=17$ (m)

(2) K の記録も入れた箱ひげ図は、最小値と第 1 四分位数はそのまま、第 2 四分位数は 24 → 25 (m)、第 3 四分位数は 29 → 32 (m) となり、最大値は変わっていない。よって、K の記録 a m も入れた 11 人の生徒の記録を小さい順に並べると、このようになる。

7 10 <u>12</u> 16 23 [25] 26 29 <u>32</u> a 34

↑第 1 四分位数　↑第 2 四分位数　↑第 3 四分位数

a は整数なので、とりうる値は、

$a=32$、33、34

4 (1)線分 AC が x 軸に平行となるとき、点 C の y 座標は A と等しく、8 である。

点 C は直線 $y=\frac{2}{3}x+2$ 上の点だから、$y=8$ を代入して、$8=\frac{2}{3}x+2$ より、$x=9$

よって、$AC=9-0=9$

(2)点 C の x 座標は点 B の x 座標の 4 倍なので、点 B の x 座標を t とすると、点 C の x 座標は $4t$。点 D の x 座標は、$y=\frac{2}{3}x+2$ に $y=0$ を代入して、$0=\frac{2}{3}x+2$ より、$x=-3$

DB=BC より、$t-(-3)=4t-t$　　$t=\frac{3}{2}$

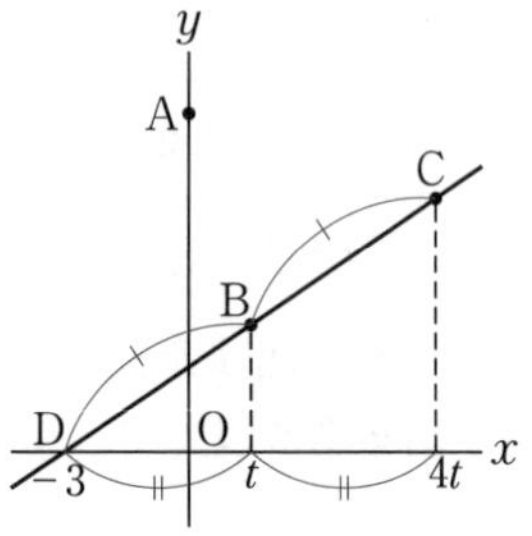

点 C の x 座標は $4\times\frac{3}{2}=6$、

y 座標は $y=\frac{2}{3}\times6+2=6$

よって、C(6, 6)

A(0, 8) だから、直線 AC の傾きは、

$\frac{6-8}{6-0}=-\frac{1}{3}$

理科

1 光・音・力のつり合い

→ 本冊 p.38

1 (1) A…**ウ**　B…**イ**　C…**エ**

(2) **イ**

(3) **エ**

2 (1) **ア**

(2) **ア**(と)**ウ**

(3) 1700 m

3 ①変える　②支える　③重力　④フック

解説

1 (1)A…反射の法則より、**入射角＝反射角**となる。

B…空気中から水中に入るので、**入射角＞屈折角**となる。

C…円の中心に向かう光線は直進する。中心から出るときはガラス中から空気中に出るため、**入射角＜屈折角**となる。

(2)焦点距離《しょうてんきょり》の 2 倍の位置に物体を置くと、凸《とつ》レンズの反対側で焦点距離の 2 倍の位置に、物体と同じ大きさの実像ができる。

(3)凸レンズと焦点の間に物体を置くと実像はできない。このとき、凸レンズを通して物体を見ると、物体よりも大きな**虚像**《きょぞう》が見える。

2 (1)弦《げん》を細く、短く、強く張ると高い音が出る。

(2)太さ以外の条件が同じものを比べればよい。

(3)光の速さは非常に速いので、花火が光った瞬《しゅん》間《かん》に観測者に届くと考えてよい。よって、

340〔m/s〕×5〔s〕=1700〔m〕

3 地球上のすべての物体には重力がはたらいている。そのため、物体から手をはなすと物体は落下する。机の上に置いた静止している物体には、重力と同じ大きさの垂直抗力《こうりょく》が上向きにはたらき、**2 力がつり合っている**。

ばねの伸《の》びは、ばねを引く力に比例する。これを、フックの法則という。

POINT 物体が凸レンズと焦点の間にあるとき、実像はできないが、凸レンズをのぞくと、物体よりも大きい像が見える。これを虚像という。

2 電流と電圧

→ 本冊 p.39

1 (1) 300 mA　(2) 1.2 V　(3) 4 Ω

2 (1) 比例　(2) 0.4 A　(3) 10 Ω　(4) 24 V

3 (1) 陰極線《いんきょくせん》(電子線)　(2) **イ**

解説

1 (1) 500 mA 端子《たんし》の目盛りを読む。

(2) 3 V 端子の目盛りを読む。

(3)電気抵抗《ていこう》〔Ω〕=$\frac{\text{電圧〔V〕}}{\text{電流〔A〕}}$ より、

$\frac{1.2\text{〔V〕}}{0.3\text{〔A〕}}=4\text{〔Ω〕}$

2 (2)・(3)グラフより、電熱線 A は 4.0 V の電圧のとき、0.4 A の電流が流れる。よって、電熱線 A の電気抵抗は、$\frac{4.0\text{〔V〕}}{0.4\text{〔A〕}}=10\text{〔Ω〕}$

(4)グラフより、電熱線 B は 4.0 V の電圧のとき、0.2 A の電流が流れる。よって、電熱線 B の電気抵抗は、$\frac{4.0\text{〔V〕}}{0.2\text{〔A〕}}=20\text{〔Ω〕}$

図 2 の電熱線 A、B は直列つなぎなので、回路全体の電気抵抗は、10〔Ω〕+20〔Ω〕=30〔Ω〕

図 2 の電圧計は電源電圧の値を示すので、

0.8〔A〕×30〔Ω〕=24〔V〕

3 (1)放電管の陰極から飛び出した粒子《りゅうし》が蛍光板《けいこうばん》に当たると、まわりより明るい光の筋となる。これを陰極線(電子線)という。

(2)電子は－の電気を帯びた粒子なので、b 極の＋の電圧に引かれて、陰極線は下のほうに曲がる。ただし、曲線にはならずに、下図のような右下に向かって直進する光の筋になる。

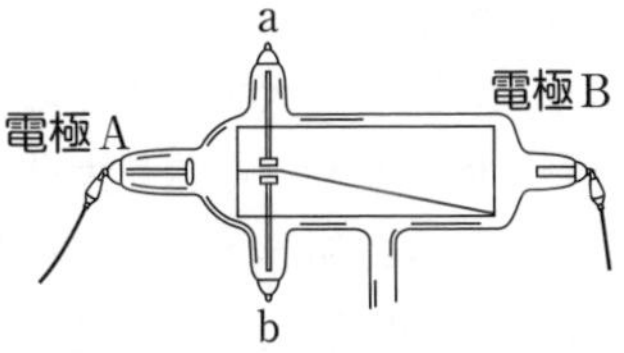

POINT 電圧〔V〕=電気抵抗〔Ω〕×電流〔A〕で表されるオームの法則は確実に覚えておくこと。

電気抵抗〔Ω〕=$\frac{\text{電圧〔V〕}}{\text{電流〔A〕}}$ や 電流〔A〕=$\frac{\text{電圧〔V〕}}{\text{電気抵抗〔Ω〕}}$

のように式を変形することで、抵抗や電流の値も求められる。

3 電流のはたらき、磁界

→ 本冊 p.40

1 (1) 12 W　(2) 1680 J　(3) 20 ℃

2 (1) **エ**　(2) **ア**　(3) **イ**　(4) **ア**

3 (1) 誘導《ゆうどう》電流

(2) 例 逆 (−) 側に大きく振《ふ》れる。

解説

1 (1)この電熱線に流れる電流は、$\dfrac{6.0[\mathrm{V}]}{3.0[\Omega]}=2.0[\mathrm{A}]$

よって、電力〔W〕＝電圧〔V〕×電流〔A〕より、

6.0〔V〕×2.0〔A〕＝12〔W〕

(2)発熱量〔J〕＝電力〔W〕×時間〔s〕より求められる。2 分 20 秒＝140 秒 なので、

12〔W〕×140〔s〕＝1680〔J〕

(3)電熱線に 12 V の電圧が加わるとき、流れる電流は、$\dfrac{12[\mathrm{V}]}{3.0[\Omega]}=4.0[\mathrm{A}]$

このときの電力は、12〔V〕×4.0〔A〕＝48〔W〕

上昇《じょうしょう》温度は発熱量に比例し、発熱量は電力に比例している。よって、上昇温度は電力に比例することがわかる。上昇温度を x〔℃〕とすると、12：48＝5.0：x より、x＝20〔℃〕

2 (1)磁石の N 極から出て S 極に入る向きが磁界の向きになる。

(2)電圧の大きさを変えても、コイルの動く向きは変わらない。

(3)電流の向きを逆にすると、コイルの動く向きも逆になる。また、磁界の向きを逆にした場合も、コイルの動く向きは逆になる。電流と磁界をどちらも逆向きにした場合は、コイルの動く向きは変わらない。

(4)コイルの動きを大きくするには、磁力の強い磁石を使ったり、電流を大きくしたりする。

3 (1)コイルの中の磁界が変化するとき、その変化にともない電圧が生じて**誘導電流**が流れる。

(2)図とは逆に、N 極を遠ざけると誘導電流は逆向きに流れる。また、コイルの巻数を増やすと、誘導電流は大きくなる。

POINT 磁界の向きや電流の向きを逆にすると、コイルの動く向きが逆向きになる。

4 物質のすがた、水溶液

→ 本冊 p.41

1 (1) 密度　(2) 270 g　(3) エタノール

(4) 水銀　(5) アルミニウム

2 (1) 20 %　(2) 150 g　(3) 25 %

3 (1) 硝酸《しょうさん》カリウム、塩化ナトリウム、ホウ酸

(2) **ウ**　(3) **ウ**　(4) 再結晶《けっしょう》

解説

1 (1)密度〔g/cm³〕＝$\dfrac{\text{物質の質量}[\mathrm{g}]}{\text{物質の体積}[\mathrm{cm^3}]}$ で求められる。

(2)物質の質量〔g〕

＝密度〔$\mathrm{g/cm^3}$〕×物質の体積〔$\mathrm{cm^3}$〕

よって、9.0〔$\mathrm{g/cm^3}$〕×30〔$\mathrm{cm^3}$〕＝270〔g〕

(3)同じ体積で質量が最も小さいのは、密度がいちばん小さい物質である。

(4)同じ質量で体積が最も小さいのは、密度がいちばん大きい物質である。

(5) $\dfrac{675[\mathrm{g}]}{250[\mathrm{cm^3}]}=2.7[\mathrm{g/cm^3}]$ より、アルミニウム。

2 (1)質量パーセント濃度《のうど》〔%〕

$=\dfrac{\text{溶質の質量}[\mathrm{g}]}{\text{溶媒の質量}[\mathrm{g}]+\text{溶質の質量}[\mathrm{g}]}\times 100$

よって、$\dfrac{25[\mathrm{g}]}{100[\mathrm{g}]+25[\mathrm{g}]}\times 100=20[\%]$

(2)質量パーセント濃度 25 % の砂糖水 200 g 中の砂糖は、200〔g〕×0.25＝50〔g〕

水の質量は、200〔g〕−50〔g〕＝150〔g〕

(3)質量パーセント濃度 30 % の砂糖水 400 g の中の砂糖は、400〔g〕×0.3＝120〔g〕

水を 80 g 加えると、

$\dfrac{120[\mathrm{g}]}{400[\mathrm{g}]+80[\mathrm{g}]}\times 100=25[\%]$

3 (2)縦軸《じく》の 110 g と硝酸カリウムのグラフが交わる約 60 ℃ で、硝酸カリウムがすべて溶《と》ける。

(3)硝酸カリウム水溶液《すいようえき》を 20 ℃ に下げると、約 32 g しか溶けないので、出てくる結晶は、

110〔g〕−32〔g〕＝78〔g〕

POINT 飽和《ほうわ》水溶液の温度を下げると、溶解度の差の分だけ結晶が出てくる。

5 気体、物質の状態変化

→ 本冊 p.42

1 (1) A…**オ**　B…**イ**　C…**ア**　D…**ウ**
E…**ク**　F…**キ**　G…**キ**

(2) C　(3) B　(4) D

2 (1) 例 突沸《とっぷつ》して液体が周囲に飛び散るのを防ぐため。

(2) **イ**　(3) A

解説

1 (1)A…水に非常に溶《と》けやすく、刺激臭《しげきしゅう》があり、空気より軽いので**アンモニア**となり、上方置換《ちかん》法で集める。塩素も水に溶けやすく刺激臭があるが、空気より重いので間《ま》違《ちが》い。

B…無色無臭で空気より少し重く、水に溶けにくいので**酸素**となり、水上置換法で集める。窒素《ちっそ》も無色無臭だが、空気より軽いので間違い。

C…無色無臭で空気より重く、水に少し溶け、下方置換法または水上置換法で集めるので**二酸化炭素**となる。

D…無色無臭で水に溶けにくく、空気より非常に軽いので**水素**となり、水上置換法で集める。窒素も無色無臭で水に溶けにくいが、空気より少ししか軽くないので間違い（比重 0.97）。

(3)ものを燃やすはたらきを助燃性といい、酸素の特徴《とくちょう》である。

(4)空気中で音を立てて燃えるのは、水素の特徴である。

2 (2)エタノールの沸点《ふってん》は 78 ℃、水の沸点は 100 ℃なので、混合物の温度が約 78 ℃のとき、沸《ふっ》騰《とう》しているのはエタノールである。しかし、沸騰していない水も、少し蒸発している。

(3)混合物の沸点は決まった温度にならないのでAである。純粋な物質の沸点は物質の種類によって決まるのでBのようなグラフになる。

POINT 純粋《じゅんすい》な物質の融点《ゆうてん》や沸点は決まっているので、物質の種類を見分ける手がかりとなる。

6 原子・分子、化学変化と質量

→ 本冊 p.43

1 (1) CO_2

(2) ①変わる　②変わらない

(3) **イ**

2 (1) $2Cu + O_2 \longrightarrow 2CuO$

(2) $2Mg + O_2 \longrightarrow 2MgO$

(3) 6.0 g　(4) 3：2

(5) 1.5 g　(6) 8：3

解説

1 (1)塩酸＋炭酸水素ナトリウム
$\longrightarrow$ 塩化ナトリウム＋水＋二酸化炭素

化学反応式は、

$HCl + NaHCO_3 \longrightarrow NaCl + H_2O + CO_2$

(3)ふたを開けると発生した気体が逃《に》げていくので、容器全体の質量は小さくなる。

2 (1)・(2)銅は Cu、マグネシウムは Mg、酸素は O_2、酸化銅は CuO、酸化マグネシウムは MgO と表す。

(3)グラフより、0.4 g の銅と 0.1 g の酸素が反応することがわかる。このときできる酸化銅の質量は、0.4〔g〕+0.1〔g〕=0.5〔g〕

よって、質量比は、銅：酸化銅=4：5 となる。

加熱前の銅の質量を x〔g〕とすると、

x：7.5=4：5 より、x=6.0〔g〕

(4)グラフより、マグネシウム 0.3 g と酸素 0.2 g が反応するので質量比は、0.3：0.2=3：2

(5)反応した酸素の質量は、

5.0〔g〕−3.6〔g〕=1.4〔g〕

1.4 g の酸素と反応したマグネシウムの質量を x〔g〕とすると、

x：1.4=3：2 より、x=2.1〔g〕

よって、反応しなかったマグネシウムは、

3.6〔g〕−2.1〔g〕=1.5〔g〕

(6)グラフより、酸素 0.2 g と反応するのは、銅 0.8 g、マグネシウム 0.3 g である。よって、同じ質量の酸素と反応する銅とマグネシウムの質量比は、0.8：0.3=8：3

POINT 化合物中の物質の質量比は常に一定となる。

7 生物のつくりと分類

→ 本冊 p.44

1 (1) A　(2) P

(3) 記号…B　名称《めいしょう》…やく

(4) 記号…R　名称…花粉のう

2 (1) A…種子植物　B…被子《ひし》植物

C…裸子《らし》植物　D…コケ植物

(2) 例 胚珠《はいしゅ》が子房《しぼう》に包まれている。

(3) 胞子《ほうし》

3 (1) A　(2) E

(3) b…魚類　c…両生類　d…ハ虫類

e…鳥類　f…哺乳《ほにゅう》類

解説

1 (1)〜(4)A…**柱頭**といい、花粉が付着する。
B…**やく**といい、中に花粉が入っている。
C…**子房**《しぼう》といい、成長して果実になる。
D…**がく**といい、花の内部を保護している。
E…**胚珠**といい、受粉が起こると種子になる。
O…りん片《べん》、P…胚珠 ｝雌花《めばな》
Q…りん片、R…花粉のう ｝雄花《おばな》

2 (1)〜(3)種子をつくる植物を**種子植物**という。
種子植物は、胚珠が子房に包まれている**被子植物**と、胚珠がむき出しになっている**裸子植物**に分かれる。
被子植物は、子葉が1枚の**単子葉類**と、子葉が2枚の**双子葉類**《そうしよう》に分けられる。
種子をつくらない植物は、**胞子**でなかまをふやし、根・茎《くき》・葉の区別がある**シダ植物**と、区別のない**コケ植物**に分かれる。

3 (1)・(2)A 〜 E は次の基準で分けられている。
A…**背骨**があるかないか
B…一生**えら呼吸**かどうか
C…一生**肺呼吸**かどうか
D…**恒温動物**《こうおん》か**変温動物**か
E…**卵生**《らんせい》か**胎生**《たいせい》か

POINT 背骨がある動物を脊椎《せきつい》動物といい、魚類、両生類、ハ虫類、鳥類、哺乳類に分類することができる。

8 植物と光合成、感覚器官

→ 本冊 p.45

1 (1) 例 葉緑体のない白い部分

(2) **イ**

(3) 青紫《あおむらさき》色

(4) A、C、D

(5) **ア**、**エ**

2 (1) ① C　② A

(2) うずまき管

(3) 網膜《もうまく》

(4) **イ**

解説

1 (2)エタノールは、葉緑体の緑色を抜《ぬ》いて、ヨウ素デンプン反応を見やすくしている。
(4)A…日光が当たるが葉緑体がないため、光合成が行われずデンプンができない。
B…葉緑体があるため日光が当たると光合成によりデンプンがつくられる。
C…葉緑体があるが、日光が当たらないため、光合成が行われずデンプンができない。
D…日光が当たらず葉緑体もないため、光合成が行われずデンプンができない。
(5)(4)から、光合成には葉緑体と日光が必要なことがわかる。光合成には水や二酸化炭素も必要だが、この実験ではわからない。

2 (1)・(2)A…**鼓膜**《こまく》といい、音（空気の振動《しんどう》）を受け取る。
B…**耳小骨**《じしょうこつ》といい、鼓膜の振動を増幅《ぞうふく》してうずまき管などの内耳へ伝える。
C…**うずまき管**といい、受け取った振動を信号に変えて、神経を通して脳に伝える。
(4)瞳《ひとみ》の大きさを変えて目に入る光の量を調節している。明るい場所では瞳を小さくして目に入る光の量を減らし、暗い場所では瞳を大きくして目に入る光の量を増やしている。

POINT 神経は、脳や脊髄《せきずい》からなる中枢《ちゅうすう》神経と、全身に広がる末しょう神経があり、末しょう神経は、運動神経や感覚神経に分けられる。

9 消化と吸収、呼吸と血液の循環

→ 本冊 p.46

1 (1) D…食道　E…胃

(2) つくる器官…A　ためる器官…B

(3) 柔毛《じゅうもう》

(4) 例 表面積が大きくなることで、効率よく養分を吸収できる。

2 (1) **イ**　(2) 左心室

(3) ① b　② a　③ c　④ b

(4) 腎臓《じんぞう》

解説

1 (1)A…肝臓《かんぞう》、B…胆《たん》のう、C…大腸、D…食道、E…胃、F…すい臓、G…小腸である。

(2)胆汁《たんじゅう》には消化酵素《こうそ》は含《ふく》まれていないが、脂肪《しぼう》の消化を助けるはたらきがある。

(3)・(4)デンプンはブドウ糖に、タンパク質はアミノ酸に分解され、小腸で吸収されて毛細血管に入る。脂肪は脂肪酸とモノグリセリドに分解され小腸で吸収された後、再び脂肪になってリンパ管へ入る。

2 (1)**ア**…肺には筋肉がないので、自ら膨《ふく》らんだり縮んだりすることはできない。肺は、ろっ骨と**横隔膜《おうかくまく》**の動きにより、膨らんだり縮んだりする。

ウ…肺では、肺胞《はいほう》内に入った空気中の酸素を毛細血管内の血液に取り込《こ》む。

(2)A…右心房《うしんぼう》、B…左心房、C…右心室、D…左心室である。

(3)a…酸素が最も少ない静脈血が流れる**肺動脈**。

b…酸素を最も多く含む動脈血が流れる**肺静脈**。

c…小腸で栄養分を吸収し、栄養分が最も多く含まれる血液が流れる肝門脈。

d…腎臓で尿素《にょうそ》などの不要物がこし取られた後の血液が流れる腎静脈。

POINT 心臓から送り出される血液が流れる血管を動脈といい、心臓に戻《もど》る血液が流れる血管を静脈という。

10 火山と地震

→ 本冊 p.47

1 (1) **イ**　(2) C　(3) **ウ**

2 (1) 火山岩

(2) a…斑晶《はんしょう》　b…石基

(3) 等粒状《とうりゅうじょう》組織

(4) **ウ**、**オ**

3 (1) S 波

(2) X…初期微動継続《びどうけいぞく》時間　Y…主要動

(3) 8 km/s　(4) 13 時 34 分 12 秒

解説

1 (1)A…円錐《えんすい》形の火山で、マグマの粘《ねば》り気は中間となる。

B…傾斜《けいしゃ》がゆるやかな形の火山で、マグマの粘り気は弱い。

C…ドーム状の形の火山で、マグマの粘り気は強い。

(2)マグマの粘り気が強いほど、激しい噴火《ふんか》となりやすい。

(3)マウナロアは B、富士山と桜島は A に分類される。

2 (1)マグマが地下深くでゆっくりと冷え固まった火成岩は**深成岩**という。

(3)図 1 のつくりは**斑状《はんじょう》組織**という。

(4)石灰岩は生物の死がいが固まった堆積《たいせき》岩、玄《げん》武《ぶ》岩と安山岩は火山岩なので、斑状組織のつくりをしている。

3 (1) A の波は P 波という。

(3) M 市と N 市の震源《しんげん》からの距離《きょり》の差は、

144〔km〕−96〔km〕=48〔km〕

A の波の到着《とうちゃく》時刻の差は、

13 時 34 分 30 秒−13 時 34 分 24 秒=6 秒

よって、48〔km〕÷6〔s〕=8〔km/s〕

(4) A の波は、震源から 96 km 離《はな》れた M 市に到着するまでに 96〔km〕÷8〔km/s〕=12〔s〕かかる。よって、地震発生時刻は、

13 時 34 分 24 秒−12 秒=13 時 34 分 12 秒

POINT 火山岩のつくりは斑状組織、深成岩のつくりは等粒状組織である。

11 地層のようす

本冊 p.48

1 (1) **エ**　(2) 示準化石

(3) 示相化石　(4) **イ**

2 (1) 砂の層

(2) 泥《どろ》の層

(3) 鍵《かぎ》層　(4) **エ**

(5) 東　(6) 右図

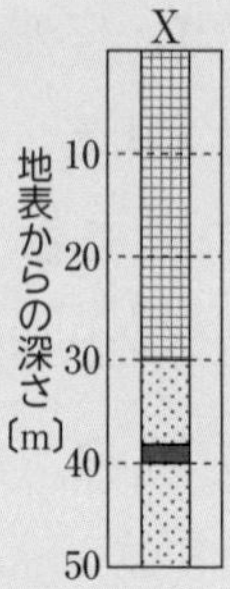

解説

1 (1)～(4)主な化石の特徴《とくちょう》は、次のようになる。

サンゴ…あたたかくて浅い海。
シジミ…湖や河口。
} 示相化石

サンヨウチュウ・フズリナ…古生代。
アンモナイト…中生代。
ビカリア・ナウマンゾウ…新生代。
} 示準化石

地球の歴史を、古生代・中生代・新生代のように区分したものを**地質年代**という。

2 (1)図 2 の A から読み取る。

(2)図 1 より B 地点は標高 100 m なので、標高 80 m のところは地表から 20 m の深さにある。その層を図 2 から読み取る。

(4)泥《でい》岩…泥からできた堆積《たいせき》岩。

石灰岩…生物の死がいからできた堆積岩。塩酸をかけると二酸化炭素が発生する。

チャート…生物の死がいからできた堆積岩。塩酸をかけても二酸化炭素は発生しない。また、石灰岩よりも硬《かた》い。

(5)鍵層である火山灰の層の下面の標高を比べると、A は標高 60 m、B は標高 60 m、C は標高 70 m にある。よって、A と B より南北方向には地層が傾《かたむ》いておらず、B と C より東に 10 m 低く傾いていることがわかる。

(6) (5)より地層は南北方向には傾いていないので、X 地点の標高 100 m 以下は C と同じ柱状図になる。標高 100 ～ 110 m は、地層が東に 10 m 低く傾いていることから、B の標高 90 ～ 100 m に堆積している泥の層となる。

POINT 各地点の柱状図に共通に存在する鍵層から、地層の傾きを判断できる。

12 気象観測と天気の変化

本冊 p.49

1 (1) A　(2) **ウ**　(3) 61 %

2 (1) Q　(2) **ア**　(3) 2.7 g

3 (1) **ウ**

(2) オホーツク海気団、小笠原《おがさわら》気団

解説

1 (1)球部が水で濡《ぬ》らしたガーゼに包まれているのが湿球《しっきゅう》である。

(2)湿度《しつど》が低いときほど蒸発が盛んになるので、乾球《かんきゅう》温度計と湿球温度計の示度の差が大きくなる。

(3)示度の差は 17〔℃〕−13〔℃〕=4〔℃〕

湿度表の、乾球 17 ℃ と示度の差 4 ℃ の交点を読み取ればよい。

2 (1) 14 時ごろに最大となる P が気温と考えられるので、湿度は Q である。

(2)午前中から昼にかけて気温が上がり、湿度は逆に下がっていることから晴れの日と考えられる。晴れの日は、日の出ごろに最低気温となり、14 時ごろに最高気温となる。くもりや雨の日は、気温の変化が小さくなる。

(3)グラフより、18 時は気温 5 ℃、湿度 40 % である。表より、5 ℃ のときの飽和《ほうわ》水蒸気量は 6.8 g/m^3 なので、1 m^3 あたりの水蒸気量は、

6.8〔g〕×0.4≒2.7〔g〕

3 (1)それぞれの前線の記号は次のようになる。

温暖前線…
寒冷前線…
停滞《ていたい》前線…
閉塞《へいそく》前線…

前線 AB は、梅雨《ばいう》前線ともいわれる停滞前線である。

(2) 6 月下旬《げじゅん》には、日本付近で北のオホーツク海気団と南の小笠原気団がぶつかり合うが、勢力がほぼ等しいため、2 つの気団の間に東西にのびる停滞前線ができる。

POINT 日本付近には、シベリア気団、小笠原気団、オホーツク海気団がある。

中学１・２年の総復習テスト

本冊 p.50〜51

1 (1) A…20 Ω　B…50 Ω

(2) ①**イ**　②**エ**

(3) **エ**、**オ**

2 (1) 軟体《なんたい》動物

(2) 記号…A　名称《めいしょう》…えら

(3) **イ**、**エ**

3 (1) 例（試験管の気圧が低くなり）水槽《すいそう》の水が試験管に逆流することを防ぐため。

(2) 炭酸ナトリウム

(3) 名称…二酸化炭素　化学式…CO_2

4 (1) 主要動

(2) (15時) 9分50秒

(3) X…32　Y…54

(4) ①**ア**　②**エ**

解説

1 (1)電熱線Aの抵抗《ていこう》は、$\frac{1.0[\mathrm{V}]}{0.05[\mathrm{A}]}=20[\Omega]$

電熱線Bの抵抗は、$\frac{1.0[\mathrm{V}]}{0.02[\mathrm{A}]}=50[\Omega]$

(2)① U字形磁石のN極とS極を入れかえると、磁界の向きが反対になるので、コイルの動く向きが反対になる。

②表より、電熱線Bにかえると回路に流れる電流が小さくなる。よって、コイルの動きは小さくなる。

(3)全体の抵抗が電熱線Aの20 Ωよりも小さいものを選べばよい。直列つなぎの**ア**〜**ウ**は20 Ωより大きくなるので、並列つなぎの**エ**〜**カ**から選ぶ。**エ**、**オ**は20 Ωより小さくなり、**カ**は25[Ω]となる。

POINT 並列つなぎは、使用した各抵抗よりも回路全体の抵抗が小さくなる。

2 (1)イカやアサリなど、外とう膜《まく》のある動物を軟体動物という。

(2)軟体動物はえら呼吸をしている。図のBはろうと、Cは口、Dは胃、Eは肝臓《かんぞう》である。

(3)マイマイは軟体動物、イソギンチャクは刺胞《しほう》動物に分類される。

POINT 背骨のない動物を無脊椎《せきつい》動物という。

3 (2)・(3)炭酸水素ナトリウムを熱分解すると、炭酸ナトリウム、水、二酸化炭素ができる。化学反応式で表すと、次のようになる。

$2NaHCO_3 \longrightarrow Na_2CO_3 + H_2O + CO_2$

POINT 水が発生する実験では、発生した水が加熱部に流れて試験管が割れるのを防ぐため、試験管の口を下げて加熱する。

4 (1)P波による揺《ゆ》れを初期微動《びどう》といい、S波による揺れを主要動という。

(2)観測地点B、Cの震源《しんげん》からの距離《きょり》の差は、

240[km]−160[km]=80[km]

また、S波の到着《とうちゃく》時刻の差は、

15時10分50秒−15時10分30秒=20秒

よって、S波の速さは、$\frac{80[\mathrm{km}]}{20[\mathrm{s}]}=4[\mathrm{km/s}]$

観測地点BにS波が到着するまでの時間は、

160[km]÷4[km/s]=40[s]

したがって、地震の発生した時刻は、

15時10分30秒−40秒=15時9分50秒

(3) (2)より、観測地点AにS波が到着するまでの時間は、

15時9分58秒−15時9分50秒=8秒

よって、震源から観測地点Aまでの距離は、

4[km/s]×8[s]=32[km]

また、観測地点B、CのP波の到着時刻の差は10秒なので、P波の速さは、

$\frac{80[\mathrm{km}]}{10[\mathrm{s}]}=8[\mathrm{km/s}]$

観測地点AにP波が到着するまでの時間は、

32[km]÷8[km/s]=4[s]

したがって、観測地点AにP波が到着した時刻は、

15時9分50秒+4秒=15時9分54秒

POINT P波が到着してからS波が到着するまでの時間を初期微動継続《けいぞく》時間といい、震源からの距離と比例する。

英語

1 be 動詞・一般動詞

→ 本冊 p.54

1 (1) am　(2) play　(3) is　(4) studies
(5) is

2 (1) runs in　(2) Are you　(3) like, very
(4) doesn't play

3 (1) Does she use this computer?
(2) Mr. Oka doesn't [does not] teach English at school.
(3) They are not (in this room.)
(4) Yes, we are.
(5) No, he doesn't [does not].

解説

1 (1)「私は中学生です。」
(2)「私たちは放課後に野球をします。」
(3)「私の姉(妹)は看護師です。」
(4)「ジョージは毎日、数学を勉強します。」
George は３人称単数なので、studies になる。
(5)「私の学校の隣に郵便局があります。」
a post office は単数なので、is になる。

2 (1) My brother は３人称単数なので、runs になる。
(2) be 動詞の疑問文では、be 動詞を文頭に置く。
(3)「～が大好き」は、like ～ very much。
(4)主語が Mary で３人称単数なので、否定文は〈doesn't＋動詞の原形〉になる。

3 (1)主語が She で３人称単数なので、Does を文頭に置いて疑問文を作る。
(2)主語が Mr. Oka で３人称単数なので、doesn't [does not] を使って否定文を作る。
(3)「いません」は、「be 動詞＋not」になる。
(4) you and Mary は you でまとめられる。答えるときは「私たち＝we」を使う。
(5) your brother は he で受ける。does を使う疑問文には、does を用いて答える。

POINT 一般動詞の英文では、**主語が３人称単数の場合の疑問文**や、**否定文**に特に注意しよう。

2 疑問詞

→ 本冊 p.55

1 (1) イ　(2) ア　(3) ウ　(4) ア

2 (1) What music do you like
(2) How many languages does he speak
(3) Which do you eat, udon or

3 (1) When do they do homework?
(2) How many dolls does she have?
(3) It is [It's on] June 26 [26th, twenty-sixth].
(4) We go there by bus.

解説

1 (1)「あなたの姉(妹)は日曜日に何をしますか。」
(2)「あなたは何歳ですか。」
(3)「あなたのカバンはどこですか。」
(4)「彼はいつピアノをひきますか。」

2 (1)「What＋名詞」で、what は「どんな」「何の」という意味を表す。
(2)数をたずねる How many を使う。How many の後ろは名詞の複数形がくる。
(3)「どちら」と２つから１つを選ぶ場合は Which を使う。「A か B か」は A or B となる。

3 (1) before dinner＝「夕食前に」と「時」を表す表現が答えの中心になるので、When を使った疑問文を作る。
(2)「100」という数字が答えの中心になるので、How many を使った疑問文を作る。
(3)答えの文では your birthday を it に置きかえる。
(4)「方法・手段」をたずねる How が使われている。5 語にするには、you and Hideki は you でまとめられるので、答えるときの主語は we に、go to Osaka を go there にする。交通手段を答えるときは by を使う。

POINT How を使った他の重要表現も覚えよう。How often ～？「どのくらいの**頻度**」、How far ～？「どのくらいの**距離**」、How long ～？「どのくらいの**長さ**」

3 過去形

→ 本冊 p.56

1 (1) was (2) had (3) taught (4) broke
(5) were

2 (1) Did, study / I didn't (2) met [saw]
(3) didn't buy (4) read
(5) How long did, stay

3 (1) My mother was happy last Monday.
(2) Did he see a lot of stars last night?
(3) They didn't run in the park yesterday.
(4) Where did she visit last year?

解説

1 (1)「私の家族は先週ロンドンにいました。」
(2)「私は昨日ジェーンと昼食をとりました。」
(3)「スミス先生は3年前に私たちにスペイン語を教えました。」
(4)「何人かの子どもたちが先週、窓を割りました。」
(5)「私たちは今朝とても忙しかったです。」

2 (1)一般動詞を使った過去の疑問文は、Did で始めて動詞は原形とする。否定の答え方は、No, 主語(代名詞) didn't. とする。
(2) met は meet の過去形。see の過去形の saw も可。
(3)一般動詞を使った過去の否定文は、didn't [did not] を使って動詞は原形とする。
(4)主語(She)が3人称単数なので、現在形では reads となるが、過去形は s はつかない。
(5)「どのくらい(の間)〜しましたか」は「How long＋did＋主語＋動詞の原形〜?」。

3 (1) last Monday なので、was にする。
(2) saw は see の過去形。Did を文頭に置き、saw を原形 see にして疑問文を作る。
(3) ran は run の過去形。didn't を使って動詞は原形にする。
(4)「ハワイ」(場所)が答えになる英文は、場所をたずねるときの疑問詞の Where を使う。

POINT **一般動詞の過去形**にはパターンがある。新しい動詞が出てくる度に、意味と過去形も覚えること。

4 進行形

→ 本冊 p.57

1 (1) was helping (2) eating
(3) was walking / My brother was.
(4) is riding (5) practicing

2 (1) How many children are swimming in the pool
(2) The students are running in the gym now
(3) They weren't listening to the music then

3 (1) What was she doing then?
(2) 私は今祖母にEメールを書いています。
(3) Yes, they were.
(4) He was going to the [a] post office.

解説

1 (1)「私はそのとき母を手伝っていました。」
(2)「彼女は今、朝食を食べていません。」
(3)「だれが公園を歩いていましたか。」「私の兄(弟)です。」
(4)「私の父は今むこうで馬に乗っています。」
(5)「私たちは午後7時にテニスの練習をしていませんでした。」

2 (1)「何人の」は How many を用いる。疑問詞(を含む部分)が主語の場合、〈主語＋動詞〉の語順になる。
(2) run の現在分詞は running と n を重ねる。
(3)「〜を聞く＝listen to 〜」

3 (1)「ピアノをひいていた」が答えの中心になるには、「What＝何」を使った疑問文にする。
(2)「write an e-mail to〜＝〜にEメールを書く」
(3) Yuki and Koji「ユキとコウジ」で主語が3人称複数なので、代名詞 they で答える。
(4)答えの文も過去進行形にする。

POINT 〈短母音＋子音〉で終わる動詞は、**最後の子音を重ねて**進行形を作る。sit → sitting など。

5 未来表現

→ 本冊 p.58

1 (1) dance (2) Are (3) isn't (4) will
(5) won't

2 (1) Will it be (2) Who is going
(3) Will you be (4) are not going
(5) they aren't

3 (1) No, he isn't.
(2) He is going to practice soccer with Tom.
(3) Yes, he will.

解説

1 (1)「私の姉(妹)は明日踊る予定です。」
(2)「彼らは今度の日曜日に私たちを訪問する予定ですか。」
(3)「彼は来年、海外に行く予定はありません。」
(4)「あなたは今日、夕食に何を食べますか。」
(5)「あなたは今週末、忙しいですか。」—「いいえ、忙しくありません。」

2 (1)助動詞 will を使った疑問文では、will を文頭に出す。「明日は晴れますか。」
(2)「ケン」が答えの中心になる疑問文を作るので、「Who＝だれが」を使う。
(3) next year は未来を表す語句。will を文頭に置き、Are は原形の be にする。
(4) We're は We are の短縮形。be 動詞の後ろに not をつけて否定文にする。
(5) James and Kanako は代名詞 they になる。2語なので aren't とする。

3 (1)図書館に行くのは木曜日なので、No で答える。3語なので is not を isn't とする。
(2)「トムと」は with Tom になる。
(3)土曜日は買い物、映画、祖父母の家を訪問と3つのことをするので、Yes で答える。

POINT will は「助動詞」といって、助動詞の後には**動詞の原形**がくる。疑問文では助動詞を**文頭に**置き、否定文では助動詞の**後ろに** not をつける。

6 いろいろな文型

→ 本冊 p.59

1 (1) me some pictures (2) look
(3) it to me (4) smells

2 (1) for (2) for (3) to (4) to

3 (1) did not taste good
(2) Did you send a letter to your friend
(3) He looked very busy
(4) made this chair for me

解説

1 (1)「ボブは昨日、私に何枚かの写真を見せてくれました。」
(2)「あなたはとても疲れているように見えます。大丈夫ですか。」look like の後は名詞がくる。
(3)「私の兄(弟)は私の誕生日に私にそれをくれました。」〈人〉に〈もの〉をあげる、と言うときに〈もの〉が代名詞の場合はふつう、to を使う。
(4)「この花は良い香りがします。」

2 (1) make＋人＋もの＝make＋もの＋for 人。「私は母にこのケーキを作りました。」
(2) buy＋人＋もの＝buy＋もの＋for 人。「ジェーンは彼女の姉(妹)に新しい洋服を買いました。」
(3) tell＋人＋もの＝tell＋もの＋to 人。「彼は私におもしろい話をしました。」
(4) teach＋人＋もの＝teach＋もの＋to 人。「スミス先生は来週から私たちに英語を教えます。」

3 (1)「taste＋形容詞＝～な味がする」。
(2)「send＋もの＋to 人＝人にものを送る」。
(3)「look＋形容詞＝～に見える」。
(4)「make＋もの＋for 人＝人にものを作る」。

POINT 〈動詞＋人＋もの〉の文は、語順を入れかえて、〈動詞＋もの＋to[for]＋人〉に書きかえられる。teach, give, send などの動詞には to を、make, buy などの動詞には for を使う。

7 動名詞

→ 本冊 p.60

1 (1) watching　(2) Playing

(3) listening　(4) swimming

2 (1) Thank you for helping me

(2) interested in reading English books

(3) walking along the street

(4) good at playing the piano

3 (1) Teaching English is my job.

(2) He finished reading the book.

(3) She is good at swimming.

(4) I watched TV before going to bed.

解説

1 (1)「私は映画を見ることが好きです。」

(2)「テレビゲームをすることは本当に楽しいです。」主語になっている動名詞は単数扱い。

(3)「私の趣味は音楽を聞くことです。」

(4)「私たちはプールで泳ぐことを楽しみました。」swim の動名詞は m を重ねる。

2 (1)「～してくれてありがとう」は Thank you for ～ing。

(2)「～することに興味がある」は be 動詞＋interested in ～ing。

(3)「～することを始める」は start ～ing。start＋to＋動詞の原形でも同じ意味になる。

(4)「～することが得意だ」は be 動詞＋good at ～ing。

3 (1)「私の仕事は英語を教えることです。」を「英語を教えることは私の仕事です。」にする。

(2)「本を読み終えました」という意味の英文を作る。「～し終える」は finish ～ing。

(3) be good at ～ing を使って「彼女は泳ぐことが得意です。」に書きかえる。

(4)「私はテレビを見て、それから寝ました。」を「私は寝る前にテレビを見ました。」にする。

POINT 目的語が**動名詞だけ**の動詞：enjoy, finish, stop など。目的語が**動名詞、to＋動詞の原形の両方**の動詞：start, begin, like, love など。

8 不定詞

→ 本冊 p.61

1 (1) ウ　(2) エ　(3) オ　(4) エ

2 (1) 聞いてとても驚きました

(2) 車の運転の仕方

(3) 起きることは私にとって簡単ではありません

(4) 本を読む時間があまりありません

3 (1) where to buy a present for my sister

(2) went to the mountain to take pictures

(3) is to collect stamps

解説

1 (1)「あなたは卓球をするのが好きですか。」名詞的用法の不定詞。

(2)「私たちは今日あなたに会えてとてもうれしいです。」副詞的用法の不定詞。

(3)「彼は何か冷たい飲み物がほしいと思いました。」形容詞的用法の不定詞。

(4)「ジムは古い友人に会うためにアメリカに行きました。」副詞的用法の不定詞。

2 (1)感情の原因を表す副詞的用法の不定詞。

(2)「how to ～＝～の仕方／方法」。動詞 know の目的語になる。

(3)「It is ～ 不定詞」の it は仮の主語、不定詞が本来の主語になる。

(4) to read が time を修飾する形容詞的用法の不定詞。「not much＝あまりない」。

3 (1)「where＋不定詞＝どこで～したらよいのか」。動詞 know の目的語。

(2) to take が山に行った目的を表しているので、副詞的用法の不定詞である。

(3)「…は～することです」と文の補語になる場合、be 動詞の後に to collect stamps を置く。

POINT 不定詞と形容詞の両方が something [anything] を修飾する場合、〈something [anything]＋形容詞＋to 不定詞〉の語順になる。

9 助動詞

→ 本冊 p.62

1 (1) Can [Will, Could, Would] you
(2) must　(3) could arrive
(4) should read

2 (1) can speak　(2) must not
(3) has to　(4) is able to

3 (1) You don't have to stay here.
(2) I had to study science hard for the test.
(3) そのコンピュータを使ってもいいですか。
(4) Can you clean the room?

解説

1 (1)「〜してくれませんか」は Can [Will] you 〜？。「〜してくださいませんか」とていねいな表現 Could [Would] you 〜？もある。
(2)「〜しなければならない」は must を使う。
(3) can の過去形 could を使う。
(4)「〜するべきである」は should を使う。

2 (1)「サトシは良い英語の話し手です。」=「サトシは英語をじょうずに話せます。」とする。
(2)「教室で走ってはいけません。」禁止を表す表現は must not を使う。
(3)「カオリは午後２時に母親に電話をしなければなりません。」2 語で表す表現は have to。主語が３人称単数なので has to にする。
(4)「私の父はギターをひくことができます。」be able to 〜は「〜できる」という意味を表す。to の後には動詞の原形が入る。

3 (1)「〜する必要はない」は don't have to 〜。
(2)過去の英文を作るので had to を使う。
(3) may の疑問文は許可を求める表現で、「〜してもいいですか」の意味になる。
(4) Please 〜 . と Can you 〜？「〜してくれませんか」は相手にものを頼むときの表現。

POINT Must I 〜？「〜しなければなりませんか」に No で答えるときは No, you don't have to.（〜する必要はない）を用いる。

10 比　較

→ 本冊 p.63

1 (1) tall　(2) as popular　(3) higher
(4) the oldest

2 (1) the best in　(2) much faster than
(3) better than
(4) more famous, than

3 (1) was as busy as my father
(2) more useful than that one
(3) the worst of the three
(4) can't cook as well as my mother

解説

1 (1)「そのビルはあの塔と同じくらいの高さです。」as＋形容詞の原級 +as で表す。
(2)「この映画はあの映画ほど人気がありませんでした。」not as＋形容詞の原級＋as ... で「…ほど〜ではない」。
(3)「富士山はエベレストよりも高いですか。」
(4)「マイクは４人の中でいちばん年上です。」「4 人の中で」は、人数を表すときの of を使う。

2 (1)「well＝じょうずに」の最上級は the best。「クラスで」は、範囲を表すときの in を使う。
(2)比較級を「とても〜」と強調するときは比較級の前に much を置く。
(3)「〜より…が好きだ」は like ... better than 〜。
(4)「アメリカで」と「イギリスで」を比べている。

3 (1)「同じくらい〜＝as 〜 as」を使う。
(2)母音が３つ以上ある単語は比較級なら前に more、最上級なら前に the most を付ける。
(3)「悪い＝bad」の比較級は worse、最上級は the worst となる。「3 人の中で」は、人数を表すときの of を使う。
(4)「じょうずに＝well」。not as 〜 as ... で「…ほど〜でない」。

POINT 不規則変化に注意。many（多数の）-more, most / much（多量の）-more, most / bad（悪い）-worse, worst / good・well（よい・じょうずに）-better, best

11 受け身

→ 本冊 p.64

1 (1) written (2) is visited (3) built
(4) made of (5) known to (6) isn't sold

2 (1) is loved by (2) covered with
(3) not seen[watched] (4) made from
(5) isn't used on

3 (1) An interesting book was read by him.
(2) No, it isn't[is not].
(3) A red car was bought by Tom last week.
(4) When was the concert held?

解説

1 (1)「この手紙は私の父によって書かれました。」
(2)「京都は毎年多くの外国人によって訪問されます。」
(3)「その寺はおよそ400年前に建てられました。」
(4)「この椅子は木で作られています。」椅子は木を材料とするので be made of ～。
(5)「～に知られている＝be known to ～」。「彼の歌は若い人々に知られています。」
(6)「砂糖はその店では売られていません。」受け身の否定文。be 動詞に not をつける。

2 (1)現在の受け身の肯定文。
(2)「be covered with ～＝～でおおわれている」。
(3)過去の受け身の否定文。
(4)日本酒は原料の米から形が変わっているので be made from ～。
(5)曜日の前には、前置詞 on を置く。

3 (1)主語が３人称単数であるのに reads ではないことから、read は過去形である。過去の受け身の文は、be 動詞を過去形にする。
(2)受け身の疑問文。be 動詞を使って答える。
(3) bought は buy の過去形・過去分詞。
(4)「コンサートは10月３日に開催されました。」日にちをたずねているので、「When＝いつ」を使った疑問詞疑問文になる。

POINT 受け身の文では be 動詞が時制を表す。

12 現在完了

→ 本冊 p.65

1 (1) have (2) lived (3) done (4) since

2 (1) just arrived (2) Have, ever
(3) has been, for
(4) haven't called, yet
(5) long have, practiced

3 (1) have never swum in
(2) Has the train left the station yet
(3) How many times have you been to

解説

1 (1)経験の用法。「私の兄(弟)と私はこの映画を２回見たことがあります。」
(2)継続の用法。「あなたはどれくらい(の間)日本に住んでいますか。」
(3)完了の用法。「ジェーンはすでに宿題をしました。」do の過去分詞は done。
(4)継続の用法。「彼は 1988 年から彼女と知り合いです。」since は、「～から」という意味。

2 (1)「ちょうど＝just」は完了の用法で使う。just が入る位置に注意。
(2)疑問文の語順に注意。「これまでに＝ever」は経験の用法の疑問文で使うことが多い。
(3)「10 日間ずっと」は継続の用法。be 動詞の過去分詞は been。「～の間」は for を使う。
(4)「まだ～していない」から完了の用法だとわかる。yet を使う場所に注意。
(5)継続の用法。その動作・状態が続いている時間や期間をたずねるときは How long を使う。

3 (1) never を使った経験の用法。swim-swam-swum。不要語は swim。
(2)疑問文の語順に注意。完了の疑問文では「もう＝yet」を文末で使う。不要語は already。
(3)経験の用法の疑問詞疑問文。「何回」は、How many times。不要語は often。

POINT 完了用法で用いる副詞には、肯定文では already「すでに」、just「ちょうど」/ 疑問文では「すでに」、否定文では「まだ」を表す yet がある。

中学１・２年の総復習テスト

→ 本冊 p.66～67

1 (1) lived　(2) talking　(3) as　(4) spoken

2 (1) anything to give

(2) There are, in [We have, in]

(3) don't have to

3 イ

4 (1) What time does your school begin

(2) made a cake for her

(3) It was taken by my brother

5 (1) how　(2) seen　(3) learning　(4) for

(5) important　(6) hear

解説

1 (1) for three years とあるので、継続用法の現在完了に見えるが、when I was a child があることから、過去の英文だとわかる。「私は子どものときに３年間、家族と一緒に日本に住んでいました。」

(2)前置詞 by の後ろは動名詞がくる。「英語で友達と話すことによって、たくさんのことを学べるからです。」

(3)〈as 形容詞 as ～〉で「～と同じくらい(形容詞)」という意味。「サッカーは私の学校では男子の間で野球と同じくらい人気が出てきています。」

(4)「フランス語はカナダで話されています。」という受け身の英文を作る。speak の過去分詞 spoken を選ぶ。

2 (1)「何も～ない」は前に didn't があるので、not ～ anything とする。形容詞的用法の不定詞で「彼にあげるための何か」とする。

(2)「日本には～がある」は There is (are) ～または、We have ～で表すことができる。

(3)「have to ～＝～しなければいけない」は、否定文になると「～する必要はない」という意味になる。

3 キャシー「こんにちは、ヒロシ。あなたは今日は疲れているみたいね。」

ヒロシ「少しね。昨日は家族と横浜のおばさんを訪問したんだ。」

キャシー「ここからは遠いよね。＿＿＿＿＿。」

ヒロシ「夜９時ごろだよ。それからお風呂に入って寝たんだ。」

ヒロシが時間を答えているので「いつ」とたずねているものを選ぶ。

ア「なぜ彼女はここに住みましたか。」

イ「いつあなたは帰宅しましたか。」

ウ「何時に彼女は家を出ましたか。」

エ「どのくらい時間がかかりましたか。」

4 (1) B が「8 時 15 分です。」と答えていることから、「What time＝何時」を使った疑問文を作る。「何時にあなたの学校は始まりますか。」

(2) B の「あなたは彼女のために何かしましたか。」に対する答え。「make＋人＋もの＝make＋もの＋for 人＝人にものを作る」。「私は彼女のためにケーキを作りました。」

(3) by, was, taken があることから、受け身の英文だと推測できる。「それは私の兄(弟)によって撮られました。」

5 (1)「こんにちは、ご機嫌いかがですか、エマ。」後ろに are you? とあることから、あいさつの英文を作る how を入れる。

(2)「私は長いことあなたに会っていません。」haven't から現在完了の英文だとわかるので、過去分詞を選ぶ。継続用法の現在完了。

(3)「しかし、日本語を学ぶことはとても楽しかったです。」be 動詞 was の前にあるので、主語になる動名詞を選ぶ。

(4)「私は自分の名前を初めてひらがなで書きました。」「for the first time＝初めて」。

(5)「練習を続けることが大切です。」To keep practicing が主語で、名詞的用法の不定詞。keep ～ing で「～し続ける」。

(6)「私は彼女の言葉を聞いてとてもうれしかったです。」感情の原因を表す副詞的用法の不定詞。

POINT I have no money. = I don't have any money.　He had nothing to eat. = He didn't have anything to eat. など「**全く～ない**」の書きかえに注意。

1 漢字・語句 ①

→ 本冊 p.77

1 (1) **サ**　(2) **イ**　(3) **ケ**　(4) **ア**　(5) **ウ**
(6) **キ**　(7) **エ**　(8) **オ**　(9) **コ**　(10) **カ**
(11) **ク**　(12) **シ**

2 (1) 十二　(2) 八　(3) 七　(4) 八
(5) 十七　(6) 九

3 (1) 四　(2) 三　(3) 二　(4) 三　(5) 一
(6) 二

4 (1) **ア**　(2) **オ**　(3) **イ**　(4) **カ**　(5) **エ**
(6) **ウ**

5 (1) **ウ**　(2) **イ**　(3) **エ**

解説

1 (4)「阝」が、**へんの位置（左側）**にあるときは「**こざとへん**」。
(11)「阝」が、**つくりの位置（右側）**にあるときは、「**おおざと**」。

2 (1)「糸」の部分は六画で書く。
(2)「えんにょう」は、三画で書く。
(4)「片」の部分は四画で書く。

4 (1)「豊」「富」も豊かであることを表す。
(2)「曲がっている線」という意味。
(3)「市が営む」という意味。
(4)「非」という否定の語が上についている。
(5)「縦」「横」と反対の意味の語が重ねられている。
(6)「港を出る」という意味。

5 (1)似ている意味の字を重ねたものを選ぶ。**ウ**は「温」も「暖」も「あたたかい」という意味。
(2)反対の意味を重ねたもの。
(3)「宅に在る」という意味なので、上が動作、下が目的や対象になっているものを選ぶ。**ア**は主語・述語の関係。

POINT 熟語の構成は、漢字の意味を知ると理解しやすい。また、「着席」=「席に着くこと」などのように、熟語の意味もあわせて考えてみる。

2 漢字・語句 ②

→ 本冊 p.76

1 (1) **イ**　(2) **ア**　(3) **ウ**　(4) **カ**　(5) **オ**
(6) **エ**

2 (1) **カ**　(2) **オ**　(3) **ア**　(4) **ウ**　(5) **エ**
(6) **イ**

3 (1) **イ**　(2) **エ**　(3) **ア**　(4) **ウ**

4 (1) **ア**　(2) **イ**　(3) **エ**　(4) **ウ**

5 (1) 腕　(2) 木　(3) 目　(4) 手　(5) 気

6 (1) **ウ**　(2) **ア**　(3) **エ**　(4) **イ**

解説

1 (5)「達成」「成就」は物事を成し遂《と》げること。
(6)「著名」は、世間に名前を知られていること。

2 (1)「往路」が行きの道のりで、「復路」が帰りの道のり。
(6)「不信」は信用できないことを表す。

3 (1)冷たい石の上であっても、三年の間座っているとあたたかくなることから。
(3)同じ意味の故事成語に「**馬耳東風**」がある。
(4)住むのならば都がよいという意味ではないので注意。

4 (1)「泣きっ面に蜂」は、悪いことが重なって起こること。
(2)「善は急げ」は、よいことはためらわずにすぐするのがよいという意味。
(3)「河童の川流れ」は、名人も失敗することがあるということ。「**猿《さる》も木から落ちる**」も同じ意味。
(4)「猫に小判」は、貴重なものであっても、価値のわからないものに与えては無駄《むだ》になるという意味。

5 (2)愛想のない態度をとること。
(4)大切に育てること。
(5)よけいな気を使わなくてよいこと。

6 (4)争っているシギとハマグリを漁夫が捕《つか》まえたことから。

POINT 故事成語は、その言葉の由来となった故事（物語）と一緒に覚えると、意味を取り違《ちが》えにくくなる。

3 文　法 ①

→ 本冊 p.75

1 (1) 五　(2) 五

2 (1) **エ**　(2) **イ**　(3) **コ**　(4) **オ**

3 (1) **エ**　(2) **ア**　(3) **イ**　(4) **ウ**

4 (1) **カ**　(2) **イ**　(3) **ウ**　(4) **ア**　(5) **オ**

5 (1) **イ・キ**　(2) **オ・コ**　(3) **ウ・ク**
(4) **ア・ケ**　(5) **エ・サ**

解説

1 **自立語か、自立語と付属語の組み合わせで一文節ができる。**
(2)「走って」「いた」は補助の関係。よく問われるので覚えておく。

2 (1)「ので」と原因や理由を表す言葉があるので、接続部である。
(2) ――線部は二文節からなる。

3 (1)被修飾語が「見た」という動詞(用言)なので、「昨日」は連用修飾語である。
(2)「虹が」は主語、「かかる」は「どうする」にあたる文節で述語。
(4)「みそ」と「しょうゆ」を入れかえても意味が変わらないので、並立の関係。

4 (1)形容動詞「静かだ」の連用形。
(2)形容動詞と違い、**連体詞は活用しない**。
(4)「ように」という言葉と呼応する副詞。

5 (1)終止形は「食べる」であり、「～ない」の形にすると「食べない」なので下一段活用。「た」に続いているので連用形。
(2)終止形は「する」でサ行変格活用。「ば」に続いているので仮定形。
(3)終止形。「～ない」の形にすると「動かない」となるので五段活用。
(4)終止形は「伸びる」であり、「～ない」の形にすると「伸びない」なので上一段活用。「餅」という名詞に続いているので連体形。
(5)カ行変格活用。命令形。**カ行変格活用は「来る」のみ。**

POINT カ行変格活用は「来る」のみ、サ行変格活用は「する」「～する」のみなので覚えておこう。

4 文　法 ②

→ 本冊 p.74

1 **エ**

2 (1) **ケ**　(2) **ア**　(3) **ウ**　(4) **ク**　(5) **イ**
(6) **エ**　(7) **キ**　(8) **オ**　(9) **カ**　(10) **コ**

3 **ウ**

4 **イ**

5 (1) おっしゃる
(2) 召し上がる(お食べになる)

6 (1) 参る　(2) 申す(申し上げる)

解説

1 いずれも格助詞。**ア～ウ**は、連体修飾語をつくる「の」である。**エ**は、「大きいもの」と言いかえられるので、体言の代用となる「の」である。

2 (1)自然に起こる感情なので、自発。
(3)「大臣」の動作なので、尊敬。
(4)動作が終わったところなので、完了。
(5)ケーキにたとえているので、比喩。
(6)様子から雨が降りそうだと考えられるという内容なので、様態。
(8)転校生が来ることを推定している。
(9)「行こう」と意志を示している。
(10)「吹かないだろう」という意味なので、打ち消しの推量。

3 「読書週間だ」の「だ」は断定の助動詞。**ア**は「過去」の助動詞、**イ**は助動詞「ようだ」の一部、**エ**は形容動詞「静かだ」の一部。

4 「入れない」の「ない」は、「ぬ」に置きかえられるので助動詞。**ア**は形容詞、**ウ**は「遠くはない」と「は」を入れられるので補助(形式)形容詞、**エ**は形容詞「もったいない」の一部。

5 (2)「食べる」の尊敬語は「召し上がる」「お食べになる」。

6 (1)「行く」の謙譲語は「参る」。
(2)「言う」の謙譲語は「申す」「申し上げる」。

POINT 「食べる・飲む」の謙譲語「いただく」、「行く」の尊敬語「いらっしゃる」「おいでになる」も、あわせて覚えておこう。

5 説明的文章の読解

→ 本冊 p.73

1 (1) 真理だとす

(2) 例 自分で研究することはないので、何が真理かは確認されていないと考えておくとしている。

(3) **イ**

(4) それぞれの ～ 生きている

解説

1 (1)「ある時期」から筆者がどう変わったかということを考える。筆者は子供の頃に読んだ本の影響で、「ダーウィンの進化論」を「真理だと思いこんできた」。しかし、「ある時期」からその態度を改めたのである。態度を改めた理由として、「ダーウィンの進化論が真理だとするだけの確実な証拠はない」ということを知ったことが挙げられている。

(2)「今日の生物進化の理論」について、筆者は「私は生物学者ではないから……研究することはない」と立場を明らかにし、「今日なお……何が真理かは確認されていない」と考えることが「一番妥当」であるとしている。これらの部分をまとめる。

(3)「ダーウィンの進化論」について、冒頭で筆者は「生物たちは環境に適応しながら進化をとげてきた」という内容だと説明している。その上で「進化の遅れた生物、進んだ生物という観念も受け入れてきた」と述べている。

(4)「そう」の直前の文の内容に着目する。直前の文では、「遅れた生物」や「進んだ生物」といったものが存在しないこと、また、「少なくとも……思うようになった」と、生物が「共生関係」の中で、「それぞれの世界を十分に生きている」と考えていることがわかる。

POINT 指示語が出てきた場合は、まず直前の内容を確認する。指示語が示す内容をつかむことで、文脈もとらえやすくなる。

6 文学的文章の読解

→ 本冊 p.72

1 (1) 例 振り付けに忠実だった

(2) 高尾がわざ ～ 替わらせた（から。）

(3) **ウ**

(4) 犬と猿とま ～ て踊る場面

解説

1 (1)「目を瞠る」とは、大きく目を見開くこと。**驚いたときなどの表情の描写として使われることが多い言葉**である。桐絵が何に驚いたかというと、二人が「まるでこの日のために……振り付けを忠実になぞっている」ことに対してである。この部分を空欄《くうらん》にあてはまるようにまとめる。

(2)二人が「迷いもなく自分の声に合ったパートを歌う」ことができたのは、ピンキーガールズが上のパートと下のパートに分かれて歌うときの位置と、真由とミチルの声とを照らし合わせて、二人が歌いやすくなるような並び順にしたからである。二人が「自分の声に合ったパート」を歌えるように、事前に高尾が二人の立ち位置を、二人の声に合った位置に入れ替わらせたのである。

(3)二人が「名残惜しそうにマイクを持つ手を下ろしかけた」ことから、歌うのはワンコーラスで終わりだと思っていることがわかる。それにもかかわらず、間奏が奏でられて続きを歌うように促《うなが》されたので、二人は歌っていいのかどうかわからず、戸惑っているのである。

(4)「犬と猿」とは、「犬猿《けんえん》の仲」を表現している。**「犬猿の仲」とは、たいへん仲が悪いこと**を表す。真由とミチルは仲が悪いのだが、その二人が「ともに笑顔で歌って踊る場面」を目の当たりにして、桐絵は「信じがたい光景」だと感じたのである。

POINT 出来事がどのような順序で起こったかをとらえ、登場人物の表情や言動から心情の変化を読み取る。

7 詩・短歌・俳句の読解

→ 本冊 p.71

1 (1) 口語自由詩

(2) **イ**

(3) 黄金のように

2 (1) C

(2) B

(3) (季語) 白梅　(季節) 春

(4) かな、や〔順不同〕

解説

1 (1)この詩は、現代語(口語文法)で書かれているので口語詩である。また、一行の音数に決まりがあるかどうかを見ると、決まりがないため自由詩である。したがって、この詩は口語自由詩となる。

(2)本来は、「小さい額が狙われているのを彼は知っていた」が正しい語順である。しかしここでは倒置が用いられ、語順が入れかわっている。**ア**の体言止めは、「どこまでも続く青い空」のように体言で終わる表現技法。**ウ**の直喩は、「〜のような」などの表現を用いてたとえる表現技法。**エ**の隠喩は、「君は僕の太陽だ」のように、「〜のような」などの表現を用いずにたとえる表現技法。

(3)鹿は狙われていることを知りながら、「すんなり立って」いる。死を前にしても落ち着き、じっと立っている姿から、それまでの生きている時間が「黄金のように光る」と表現されているのである。

2 (1) Cは「ならん」のあとに「。」がつけられるため、二句切れである。

(2)「麦わら帽子のへこみ」に「思い出」を重ねている。

(4)切れ字は意味の切れ目を表す。よく問われるので覚えておく。

POINT 季語の季節を答えるときは、旧暦で考えることを忘れない。

8 古典の読解

→ 本冊 p.70

1 (1) ①ようもなし　②ついいて

(2) が

(3) B

2 (1) 五十歩を以て百歩を笑はば

(2) **ウ**

解説

1 (1)①「ア段＋う(ふ)」は「オ段＋う」となるため、**「やう(yau)」→「よう(you)」**。

(2)「あざけりあさみて」の主語は「これを見る人」なので、「が」があてはまる。

(3)筆者は、法師をあざける人々を見て、「ふと思ひしまま」に発言している。

2 (1)返り点にあわせて文字を下から返って読む。

(2)恵王はどちらも逃げたことには変わりはないと言っている。

POINT 書き下し文に直す際には、送りがなの書き忘れがないように注意する。

現代語訳

1 　五月五日に上賀茂神社の競馬を見ましたときに、牛車の前に身分の低い人が立ってさえぎっているので、それぞれ(牛車から)降りて、柵の境目に行こうとしたが、(その辺りは)とくに人が多くて、分け入ることもできそうになかった。

　そのとき、向こうの楝《おうち》の木に法師が登り、木の股に座って見物していた。つかまったまますっかり眠《ねむ》り、落ちそうなときに目を覚ますことが度々あった。これを見る人が、あざけりあきれ、「特別の愚か者だなあ。あんな危険な枝の上で、どうして安心して眠っているのだろう」と言うのを聞いて、心にふと思ったままに、「私たちが死ぬのは今すぐかもしれない。それを忘れて、見物して暮らしている。愚かであることは法師よりもはなはだしいのに」と言ったところ、前にいる人たちが、「ほんとうに、その通りです。最も愚かです」と言って、みんな後ろを見返って、「こちらにお入りなさい」と場所を空け、呼び入れてくれたのでした。

中学１・２年の総復習テスト

→ 本冊 p.69～68

1 エ

2 C

3 (1) **イ**

(2) 例 自分の感性によりかかることで、独断と偏見(におちいってしまう危険性。)

4 (1) いわば

(2) **イ**

解説

1 科学技術について、「発展を続けている」ということから、進んでいく様子を表す言葉を選ぶ。**エ**「日進月歩」は、日々、月々、進歩を続けている様子を表すので、空欄にあてはまる言葉として適切。**ア**「東奔西走」は目的などがあり、あちこち走り回ること。**イ**「不易流行」は「不易」が基本のもので変わらないものを表し、「流行」が時代によって変わるものを表す。変わらないものの中にも、新たな変化を取り入れていくという意味。**ウ**「一触即発」は少し触《ふ》れるだけで、すぐ爆発《ばくはつ》するような危険な状態を表す。

2 格助詞「の」を見分ける問題。A・Bの「の」は、連体修飾語をつくる「の」である。Cは「私が」と言いかえられるので、主語を表す「の」である。

3 (1)「見てから知るべきである」で始まる段落は、「見テ　知リソ　知リテ　ナ見ソ」という言葉について、「見てから……という意味でしょうが」と意味を説明した上で、「もっと深い意味があるような気がする」と述べている。つまり、筆者自身の解釈を「われわれは〈知る〉ということを」以降の部分で説明しているのである。また、この部分は二つに分けられる。「つまり、われわれは……なることがある」という部分では、知識と判断などとの関係について考えられることを述べている。そして、「だから……ないでしょうか」の部分で、「見テ　知リソ　知リテ　ナ見ソ」に対する筆者の解釈を述べている。さらに、「だから……ないでしょうか」の内容はそれ以降で述べる内容と関連があるので、**イ**が適切である。**ア**は、筆者の解釈に触れていないので誤り。**ウ**は、「抽象的な表現で言いかえ」ているわけではないので誤り。**エ**は、「主張への疑問」という点が適切ではない。

(2)「作品に対するときの危険性」について問われているので、「作品と対するのは」で始まる段落に着目する。ここでは「自分が感じたことは絶対」としながらも、「その絶対に安易によりかかって……独断と偏見におちいってしまう」と危険性を述べている。この内容をまとめて、指定字数内で答える。なお、「独断と偏見」におちいるのを避《さ》けるための方法は続く段落で、「一般的な知識……余裕」とのバランスによって「感受性というものは成り立たねばなりません」と説明されている。

4 (2)「一寸光陰」の部分は送りがながつくだけなので、返り点はつかない。「不可軽」は、いちばん下の「軽い」から読み、次に「可」、「不」と一字ずつ返って読む。

POINT 「不可」は、漢文では「べからず」と読む。意味は、「～してはいけない」「～することができない」である。

現代語訳

4 わずかな時間を惜しむ人はいない。これはわずかな時間を惜しむ必要がないとわかっているのか愚かなのか。愚かで怠けている人のために言うのなら、一銭はわずかではあるが、これを積み重ねると、貧しい人がお金持ちになる。だから、商人が一銭を惜しむ心は、切実である。一瞬、意識されないでも、これをずっと積み上げていけば、命が終わるときがすぐに来る。

そうであるので、仏教の修行者は、遠い将来にわたる歳月を惜しむべきではない。ただ現在の一瞬が無駄に過ぎることを惜しむべきである。